JN441126

바다,
오선지에 다 담을 수 없는 음계

고명자 산문집

작가의 말

2025년은 시인으로 등단한 지 20년이 되는 해이다.

원고마다 시간의 결이 만져졌다.

아둔하고 고집스럽고 옹졸한 내면이 고스란히 나에게로 되돌아왔다.

詩가 나를 단순하게 살아가도록 가르쳐주었다면

산문은, 인생을 좀 더 먼 쪽으로 보내보라고 용기를 주었다.

두 손의 고뇌를

앞으로 나의 글쓰기의 바탕으로 삼았으면 한다.

차례

2부

3부

4부

1부

야야, 자갈치 가자

너그러움의 근원들

내가 아직 잘 모르는 부산

우리가 남이가

골목이 사라지면 이야기도 함께 사라진다

한때는 나의 길이 바다인 줄 알았다

법정 306호

야야, 자갈치 가자

모처럼 한가한 주말 오후 y시인을 만났다. 봄 햇살을 받으며 걷다 보니 어느새 자갈치시장이었다. 바람에 묻어오는 비린내에 끌렸는지 남포동 시끌시끌한 행렬에 휩싸이다 떠밀렸는지는 중요하지 않았다. 건어물전이며 생선전을 기웃거리다 사진 찍고 흥정도 하면서 자갈치 1층 활어 센터로 들어섰다. 봄 도다리며 참돔, 광어며 문어, 새우 등 각각의 어종들은 수족관을 뛰쳐나와 금방 바다로 돌아갈 듯 싱싱했고 힘이 좋아 보였다. 활어들의 펄떡거림에 감탄사가 절로 나와 우리의 탄성도 한 옥타브쯤 높아졌다.

비닐 앞치마를 두르고 고무장갑을 끼고 큰 웃음으로 손님을 맞이해주는 자갈치 아지매들의 품새가 바다를 닮았다. 목소리는 파도처럼 높고 힘도 세고 투박스럽게 들렸다. 새벽부터 밤까지 생물을 다루는 아지매들은 자갈치의 상징이다. 바다 생물을 살려내 꿈틀거리게 하는 일은 아지매들의 생존과 같은 일이며 시간과 다투는 일일 것이다. 펄떡거리는 생물의 목을 단칼에 쳐서 피를 빼고 지느러미를 쳐내는 솜씨, 내장과 뼈를 발라내고 꽃잎을 저미듯 살을 발라내는 숙련된 솜씨는 과히 장인匠人이라 하겠다. 바다 옆에 살면 성품도 정신도 닮아가는가 보다. 바다를 일터로 삼아 삶을 일구는 아지매들은 바다처럼 품이 넓어 흥정도 밀당도 화끈하고 인심도 좋아 보였다. 아지매들에게 자갈치는 아니 세상의 모든 바다는 가장 믿음직한 금고金庫이고 목숨을 다할 때까지 등 비비며 의지하고 싶은 등받이 언덕일 것이다.

횟감을 장만해 줄 테니 2층 회센터로 올라가 기다리라 하신다. 칸막이가 없고 천정이 높은 2층은 놀랄 만큼

넓었다. 통유리 밖으로는 크고 작은 고깃배들이 분주하게 드나들고 있었다. 봄 햇살을 받은 주말 오후의 바다는 살아있는 생선 비늘처럼 반짝거렸다. 조선수리소에는 그저 큰 쇳덩이 같아 보이는 배 위에서 인부 몇이 해머 같은 것을 휘두르는 모습도 보였다. 배는 얼마나 오래, 먼바다를 육지로 퍼 나른 것인지 철판은 녹이 슬었고 형체도 기이했다. 자갈치의 역사만큼이나 바다를 운항하는 배 위 선원들의 인생도 파란만장해 보였다.

배에 있어 바다는 입체적 공간일 것이고 시간적 공간일 것이다. 원양어선을 타고 먼바다에 나가 오래 생활하셨다는 외항선원께서는 단단한 땅을 딛고 서는 일이 오히려 힘들다 하셨다. 솟구치는 바다 그 속으로 빨려 들어가는 낭떠러지 같은 파도, 목숨을 요동치게 하는 갑판, 밤새도록 끌어올려야 하는 그물, 끝도 없이 올라오는 생물들, 천둥 벼락이 치는 바다가 체질에 맞다 하셨다. 그 맛에 다시 배를 탄다는 그 외항선원의 이야기는 도무지 실감 나지 않았다. 유람선이나 타고 고작 오륙도 한 바퀴를 돌아와도 속이 울렁거리는 나에게 외항선원의 이야기는 소설의 미스터리한 대목으로 들렸다.

갑판에서의 침묵은 사람을 미치게도 한단다. 파도가 일지 않는 날에는 마치 무거운 파란 철판을 깔아놓은 듯 수면은 미동이 없단다. 육지에서 가져온 이야기도 바닥나고 배 위에서 매일 얼굴을 맞대고 있는 사람들과도 더 이상 이야기하고 싶지 않단다. 뜨거운 태양 아래 난파한 배처럼 출렁거림이 없는 시간은 지루함과의 싸움이란다. 차라리 폭우가 쏟아지거나 엄청난 어장을 만나 24시간 48시간 잠을 자지 못한 채 미친 듯이 몸을 움직여야 하는 상황이 더 좋다는 사실을 육지 사람들은 모를 것이라고 한다.

나에게 바다를 그려보라고 한다면 커다란 스케치북 위에 파란 평면의 공간을 먼저 그릴 것이다. 수평선이라는 언어의 한계점 위에 내 욕망을 수평으로 그어놓을 것이다. 낭만적으로 배도 한 척 띄워 놓고 쓸쓸함이나 고독함 따위의 감정들을 색칠할 것이다. 바닷바람에 밀려오는 비린 냄새를 혀끝으로 맛보면서 밤바다에 숨어들어 파도 소리에 귀를 적셔보았을 것이다. 바다에 오면 가슴이 '툭' 트임과 동시에 아름답다고 외치겠지만 입은 옷 그대로 바다에 뛰어들 만큼의 용기나 열정은 없다.

북항대교, 남항대교가 공중제비를 돌 듯 바다 위로 날렵하다. 높고 낮은 빌딩들 사이로 영도다리가 보인다. 조금 더 뒤로 영도 봉래산이 우뚝 솟아 바다와 산과 도시가 정교하고 복잡하게 어우러져 있다.

바다는 부산 사람들의 숨구멍이다. 비린내에서 활기를 얻고 출렁거리는 파도를 따라 스스로 자유로워지려 한다. 육체의 모든 감각이 환희로 되살아나 하루하루 새로워지길 소망한다. 도시에서의 삶이야말로 기획된 컨베이어 같아서 이탈되면 추락일 뿐인데 바다는 시시때때로 삶을 일으켜 세워준다. 날렵한 빌딩들 사이 아스라이 영도 흰여울길의 첫머리가 보인다. 봄볕 아래 한가로이 바닷가를 걷는 사람들의 풍경이 아름답다.

제주집, 강릉집, 서해집, 인천집, 목포집… 세상에! 신기해라. 전국의 집이란 집이 여기 2층 회센터에 다

모였는지 집의 행렬, 아니 지명의 행렬이 끝이 없다. 부동산 광고도, 아파트의 구조나 평수를 소개하는 모델하우스도 아닐 터인데 말이다. 상호는 약속이나 한 듯 모두 집으로 통일되어 있다. 평수도 구조도 식탁 위에 세팅된 오목조목한 그릇 모양까지도 비슷하다.

우리는 푸른 야채에 봄 도다리 한 점씩을 올리며 웃고 또 웃었다. 입안에서 착착 감겨오는 봄 도다리의 감칠맛에 소주의 맑음만큼이나 투명한 웃음에 취했다. 시詩에 대해 그리고 사소하고 자질구레해서 피곤한 일상사를 이야기 나눴다. 바쁘고 힘이 들어도 어떻게든 "시를 쓰자, 좋은 시를 쓰자" 하는 수수한 바람을 내보였다. 그렇지, 세상에 시에게 만큼 자신의 속내를 다 털어놓을 수 있는 친구가 있겠느냐며 목청을 돋구었다. 복잡하고 피곤한 세상에, 시 앞에서야 비로소 슬퍼지고 간절해지니, 시는 기도이고 희망이고 우리의 노래가 아니겠느냐, 브라보! 브라보! 시에 대한 예찬으로 시간 가는 줄 몰랐다. 술병이 바닥났다. 멍게, 해삼, 물미역… 바다가 술상 위에서 출렁거렸다.

"아지매 소주 한 병 더 주소" 혹은 "아지매요, 거 싱싱한 놈으로 한 접시 더 올려 주이소" 테이블마다 시끌벅적하다. 더러는 취해 싸우는 것 같고 더러는 울고 웃는다. 목소리들은 자갈자갈 일어나는 파도 소리 같았다. 웃음과 성냄과 회유의 순간이 뒤섞여 모두 한통속으로 바다가 되어간다. 각자의 층위에 쌓인 감정을 풀어내기에 바빠 보인다. 자기만의 바다였다가 소통의 파도였다가 서로에게로 침잠되어 가는 모습이다.

그런데 이렇게 많은 사람들이 어디에서 쏟아져 나왔을까. 하던 일을 내려놓고 급하게 온 것일까? 어떤 합일을 보려고 마주 앉아 술잔을 기울이고 있는지 갑자기 궁금해졌다. 주거니 받거니 하다 반 술이 깨였다. 해야 할 말이 이다지도 많았던지 집 한 채씩 꽤 차고앉아 아우성이다. 참았던 말들이 여기저기서 터지고 부딪혀 소리는 큰 덩어리가 되었다.

자갈치는 오늘의 축구장이었고 식탁이었고 휴식처였다. 바다는 모두의 미래이고 꿈이고 기도처였다. 이제 개개인의 목소리는 구분되지 않는다. 신분이나 빈부, 인종차별이나 어떤 정치적 목적도 없어 보인다. 모든 것을 수용하고 정화시키는 소리의 바다는 사람들의 무한한 열망을 하나로 묶어주었다. 바위에 부딪혀 깨지는 큰 파도처럼 우르르 우르르 대합창을 이룬다.

누구에게나 몸속에는 집채만 한 고래가 살고 있어서 오늘 같은 봄날의 주말에는 큰 물결로 휘몰아치고 싶었을 것이다.

너그러움의 근원들

아미동은 부산 근대화의 특성을 잘 엿볼 수 있는 지역이다. 비석마을이라는 지명의 유래라든지 천마산 꼭대기까지 켜켜이 집을 짓고 살아야 했던 한국 근대사가 고스란히 남아 유적지가 되어간다고 말할 수 있겠다.

마을버스를 마다하고 산복도로를 향해 걸어 올라간다. 비탈길에 잠시 멈춰 허리를 펴고 숨을 고르는 순간 길갓집 미닫이가 힘겹게 열리는 소리가 들렸다. 알루미늄문의 반쯤 내려온 커튼 안쪽으로 부엌과 작은 쪽마루가 보이고 문지방을 넘어 안방 장롱까지 한눈에

다 들어온다. 낯선 사람의 시선이 조금 불편하겠다 싶었는데 이 동네에서 집과 함께 늙어가고 계신 것 같은 노인은 아무렇지 않은 듯 뒷짐을 지고 서 계신다.

아미마을의 길갓집들은 담장이 생략되어 있다. 문을 밀고 나오면 바로 길이고, 마당이고, 정원이며, 정류소로 연결되어 있다. 알루미늄문 하나로 집안과 밖의 세계를 구분하고 사는 사람들의 모습이 가슴을 뛰게 한다. 어떤 비밀도 금방 드러날 것 같은 집의 구조는 오히려 이웃에게 나를 맡기는 것이라고 해석해도 괜찮을 것 같다. 밥 냄새, 보리차 끓는 냄새, 아이를 야단치는 엄마의 성난 목소리, 설거지통에서 그릇 부딪히는 소리… 옆집 뒷집에서 시시때때로 건너오는 소리는 서로의 일상을 확인하고 안부를 알리는 인사말로 들려오기도 할 것 같다.

길가나 다름없는 문 앞에는 평상과 간이의자가 놓여 있고 크고 작은 화분에서 계절의 꽃이 만발하여 풍경을 더해준다. 어떤 집은 상추, 고추 등 푸성귀가 탐스럽게 자라 솜씨 좋은 주인은 어떤 분일까 궁금해진다. 지금은 한낮이라 고요하지만 늦은 저녁이면 하루 일을 무사히 마친 사람들이 평상으로 나와 앉아 정담을 나눌 것 같다. 수박을 들고 나오기도 하고 찐 감자, 옥수수 양푼을 앞에 두고 하루의 이바구를 풀어내느라 밤 깊어 가는 줄 모를 것이라 상상해 본다. 그러다 어느 집 창문이 열리고 "시끄럽다, 잠 좀 자자"하고 냅다 소리도 지를 것이다.

삶을 구성하고 있는 다양한 것들, 예를 들어 많은 돈이라든가 지위, 명예, 권력 같은 것들은 하루아침에 허물어질 수 있겠지만, 삶의 주춧돌 역할을 하는 것은 이렇듯 아기자기한 사람살이, 눈뜨면 마주치는 이웃들과의 관계, 소통에 있지 않을까 생각한다. 이집 저집으로 건너다니는 웃음들, 상처들, 슬픔, 걱정거리로 맺어진 사람들은 그 속에서 연민과 사랑, 인정과 희망이 자연스럽게 자라난다. 화분에서 가지, 고추를 키워내듯 계절 꽃이 만발한 풍경을 낯선 이에게 선물하듯 따뜻한 마음은 감춰지지 않아 타인을 행복하게 한다.

행복은 뜻밖의 작은 것에서 발견된다. 행복은 발견

하는 자의 마음에서 오기 때문이다. 가파른 시멘트 계단 틈에 핀 민들레에게 허리 굽혀 안부를 물어준다면 그 행위 자체가 행복이다. 골목을 유유히 걸어가는 길고양이의 뒷모습에서도 가슴이 울컥해진다면 그것이 곧 행복이다. 길고양이로 인한 자기 존재의 확인이야말로 어떤 물질로도 대신할 수 없는 행복이다. 부조리, 사건, 사고가 바다를 메우고도 넘쳐나는 시대에 일상의 소소한 발견이야말로 물질문명으로 상실되어 가는 인간성을 회복하는 일이다.

도시에서의 이러한 풋풋함은 하루아침에 생겨나지 않는다. 시간을 되짚어보면 너그러움의 근원 같은 것이 여기 있다고 본다. 6.25 전쟁 전후로 피난민들이 구름처럼 몰려와 북새통이었을 때 아미동은 산꼭대기까지 삶의 터전으로 내주어야 했다. 싸움과 욕설과 우격다짐으로 겨우 거처를 마련한 사람들이지만 그러하기에 또한 양보하고 받아들이고 나누는 지혜가 생겨났다고 볼 수 있다.

아미동은 사람과 사람이 연대하며 살아가는 마을이

다. 산복도로 저 아래 변화 발전하는 풍경들을 묵묵히 내려다보면서 생각도, 마음씨도, 생김새도 서로 비슷해져 나이 들어간다. 물질이 행복이라고 부추기는 온갖 미디어가 넘쳐나는 시대에 변화하지 않는 아미동은 다른 방식으로 삶을 해석하게 한다. 서로 이웃을 돌보면서 자신의 행복한 삶을 꾸려가고 있다.

산복도로에 서서 보면 아미동 골짜기, 골짜기 구석구석의 낮고 작은 집들은 험난했던 시대를 기록해 놓은 역사책 같다. 어느 집 창문을 기웃거려도 지나간 시간의 지난함이 흘러나올 것만 같다.

내가 아직 잘 모르는 부산

부산 토박이인 지인과 중앙동 밤 골목길을 걸어 나오는데 "아, 바다 냄새가 진하게 밀려오는 걸 보니 곧 비가 오겠네요." 가벼운 이야기를 나누는 중에 지인이 툭 던진 그 한마디가 싱그러워 나도 숨을 크게 들이켜 보았다. 그러고 보니 정말 바다의 비릿함이 코끝에 스며들었다. 중앙동 가까이 바다가 있으니 습도 높은 날의 당연한 현상일 텐데 나는 그 느낌을 알아채지 못했다. "아, 정말 그렇네요." 딴청 부리다 들킨 얼굴로 밤하늘을 올려다보며 나도 슬쩍 코끝을 문질렀다.

'바다가 무조건 좋다, 바다가 나를 시인으로 만들었

다, 바다에 오면 모든 시름이 풀리는 것 같다.' 자주 호들갑 떨었지만 지인의 그 말을 듣는 순간 난감했다. '아! 부산에서 40년 넘게 살았는데 내 몸은 아직 바다를 제대로 알지 못했구나' 하는 생각에 다시 코를 킁킁거리며 보이지 않는 바다를 확인해 본다. 부산에서 태어나 바다와 가까운 곳에 살고 있는 지인이 온몸으로 바다를 알아차릴 때 다른 지역 출생인 나는 어쩌면 영영 바다를 제대로 알지 못하겠구나, 하는 씁쓸함에 잠시 고개를 돌렸다. 어쩌면 당연한 것 아닐까, 되묻다가 혼자 바다를 가볼까 하는 망설임이 스쳐 지나간다.

'바다가 좋아'라고 표현했을 때 그동안 나는 시각적인 바다만을 말했던 것 같다. 외지에서 지인이 오면 마치 바다가 내 것 인양 "바다 보러 가자" "바다 보여줄게" 하며 선심 쓰듯 말하곤 했다. 그런데 그 밤의 짧은 대화 이후 바다에 대한 나의 감정을 의심하기 시작했다.

멀리서 다가오는 파도 소리, 갈매기 소리는 청각의

바다이다. 파도의 높낮이에 따라 소리의 고조 장단이 달라지는 바다, 바람의 방향이나 속도에 따라 바다라는 악보는 오선지에 다 담을 수 없는 음계가 된다. 밤이 깊을수록 바다의 소리는 세상의 고통이나 그리움을 잠재우는 듯 듣는 이를 그윽하게 한다. 살다가 바다에서 멀리 떠나는 날 있어도 청각의 바다는 되살아나서 온몸으로 바다를 그리워하게 할 것이다.

바닷물을 맛보는 일은 특별히 없겠지만 미각의 바다도 있다. 해초를 씹었을 때 입안에 퍼지는 짭조름함, 바다 가까이 섰을 때 입술로 날아드는 바다는 조금 짜고 쓰다. 잊고 있던 기억을 순간 떠오르게 해 잠시 알싸해지는 느낌을 준다. 맑은 날의 바다는 향기로워 입맛을 다시게도 한다. 요즘 맛집을 찾아다니는 여행도 있듯이 혀끝으로 감지되는 바다는 언짢음도 행복으로 전환시켜주는 순간이동의 짜릿함이 있다.

몸에 척척 달라붙는 바다, 피부에 달라붙어 영혼에까지 다가가는 바다, 촉각의 바다가 있다. 사랑의 열정을 보여주려고 겨울 바다에 몸을 던지는 연인들, 폭풍의 바다에서 사투하는 뱃사람들, 이별의 슬픔을 끊어내지 못해 몇 날 며칠 바다를 헤매는 사람들… 촉각의 바다는 한 편의 영화처럼 한 편의 서사시처럼 평생을 출렁출렁 따라다닐 것이다.

햇볕의 강도에 따라 바람의 방향에 따라 그날의 기후에 따라 달라지는 후각의 바다가 있다. 맑은 날의 바다는 향기롭고, 흐리거나 비 오는 날의 바다는 비릿하다. 부산은 일월 중순을 기점으로 바다의 냄새가 달라진다. 온도가 조금 오르면 바닷바람에 실려 오는 해초 냄새는 훨씬 감미롭고 진하다. "아, 봄 바다야, 봄 냄새야." 겨울 동안 움츠렸던 몸이 설렘으로 바뀌고 연신 감탄사를 터뜨린다. 내가 몰라도 너무 몰랐던 바다의 수많은 얼굴, 바다는 오감, 육감으로 온다는 뒤늦은 깨달음에 내 무릎을 내가 쳤다.

서울역 인파에 떠밀려 KTX를 타고 부산역에 도착했을 때 밤 아홉 시가 넘었다. 복잡하지 않아 좋다. 적당한 소음과 투박하지만 높낮이가 분명한 목소리에 실린 명랑한 리듬에 피곤함을 잊는다. 플랫폼 너머에 밤바다가 있다. 바람은 물큰하고 비릿하다. 보이거나 그렇지 않거나 바다는 늘 거기 있어, 역에 도착하는 순간 마음이 편안해진다.

더듬어보니 부산에 온 지 벌써 43년째이다. 서울에서 태어나 살았던 세월의 2배가 넘는 시간을 부산에서 살았으니 나도 이제 부산 사람이라 해도 괜찮을 법하다. 고향에 돌아올 때의 감정이 이런 것이라는 느낌이 들면 이미 정이 깊은 것이리라.

그럼에도 가끔 다른 별에서 온 이방인 같다는 생각이 불쑥 파고들 때가 있다. 여럿이 신나게 이야기하다 기억의 공유가 끊기면 대화도 끊어진다. 70년대 부마항쟁의 함성, 그 분노의 함성들, 용두산 공원으로 소풍간 이야기, 새벽마다 들었다는 "재첩국 사이소"를 외치던 아지매들의 정겨운 목소리, 아스라한 추억담들을 들을 때면 은근히 샘도 난다. 특히 시를 쓸 때 예를 들어 옛 자갈치시장을 회상하며 쓴다고 했을 때 정서적 한계가 있으니 그 점이 아쉬움이고 안타까움이다.

우리가 남이가

"우리가 남이가?"라고 묻는다. "우리는 하나야" 하는 말의 반어적反語的 표현으로, 너도 알고 나도 아니 더 이상 뒷말이 필요 없다 할 때 쓰는 함축적 의미이다. 말끝을 살짝 들어 올려 동의를 구하는 경상도 사투리로 관계를 돈독히 하고자 하는 사람들의 소통방식이다. "우리가 남이가." 이 말이 부산의 어느 밀실에서 끼리끼리의 정치인들에게서 은밀하게 흘러나온 이후로 의미는 오염되고 왜곡되었다. 하지만 '우리가 남이가'는 공동체를 기반으로 한 든든하고 따뜻한 위로의 말이라고 생각한다. 열정 가득한 부산 사람들의 끈끈한

정을 느낄 수 있어 "우리가 남이가" 외치는 순간 온몸에 전류가 흐르는 듯 모르는 누구라도 덥석 손을 맞잡을 것이다.

야구 시즌 사직야구장의 뜨거운 함성이 '우리가 남이가'를 증명한다. 부산 야구팀 롯데를 응원하는 중계방송을 텔레비전에서 보면 응원석은 부산 앞바다의 거대한 파도를 보는 듯 장관이다.

몇 년 전 사직운동장에서 야구를 관람할 기회가 있었다. 상대 팀이 어디였는지 기억나지 않지만, 야구장의 인파와 열기는 회를 거듭할수록 어마어마해졌다. 롯데팀이 지고 있었는지 어느새 관중석은 주황색 물결로 출렁이기 시작했다. 그 퍼포먼스에 놀라 자세히 보니 하나같이 주황색 비닐 봉지를 머리에 뒤집어쓴 것이었다. 군중들은 <돌아와요 부산항에>를 불렀다가 함성을 질렀다가 남녀노소 어깨동무를 하고 "으싸라 으샤" 리듬에 맞춰 파도타기를 한다. 모두 혼연일치되어 열정을 뿜어대는 것이니 야구 경기의 불이 관중석으로 옮겨붙은 것 같았다. 이제 승리의 유무는 사라지고 우리는 하나라는 강렬한 믿음을 서로에게서 확인하는 순간이다. 흔하디흔한 비닐 봉지는 바람 가득한 고무풍선이 되어 야구장에 모인 사람들을 들뜨게 했다. 야구장의 촉수 높은 불빛에 반사되어 반짝이는 주황색의 물결은 놀랍도록 아름다웠다. 저 퍼포먼스를 최초로 연출해 낸 사람은 누구였을까. 같은 생각과 같은 열정으로 어깨를 겯고 하나로 뭉쳐진 그 강렬함에 압도되었다. 야구 게임은 그저 놀이이지만 저 정도라면 문화라고 해야 할 터이다. 거기에 지역의 연대까지 부여되었으니 "우리는 똘똘 뭉쳤다" 하는 심리가 암묵적으로 작용했으리라.

시간을 한참 거슬러 오르면 "우리가 남이가"를 다시 한번 잘 드러내 준 부분이 있다. 6.25 이후 이북 5도를 포함한 대한민국의 피난민을 받아주었던 고장이 부산이다. 경부선 기차에 가까스로 올라탄 피난민들이 부산역에 도착하면 지번이 적힌 번호표를 받았다고 한다. 아미동, 초장동, 천마산 산꼭대기까지 거적으로 움막을 치고 살았다고 한다. 조선 팔도의 각기 다른 풍습과 억양과 말투의 섞임이야말로 아주 긴박한 소용돌이였을 것이다.

그들은 스스로 법과 질서를 만들어 지켜 나갔으며 부산 사람들 역시 피난민에게 배려하고 양보하면서 연대를 만들어 함께 살고자 애를 썼다고 한다. 부산 곳곳에는 그러한 흔적들이 지금도 많이 남아있다. 피난 중이었지만 임시 수도 정부 청사를 부민동에 마련하여 행정을 보았다. 피난민들은 감천 문화마을을 비롯하여 자갈치시장, 국제시장 등지에서 장사를 하며 생계를 이어갔다. 천마산 산복도로 아래 초장동, 아미동, 수정동, 초량동, 좌천동 등지에 터를 잡았던 그때의 오막살이들이 아직 보존되어 있다. 부산 사람들은 이 모든 소용돌이를 겪으면서 오늘의 부산을 일구었으니 '우리가 남이가' 라고 말할 자격이 충분하다.

부산만의 정서, 억양, 사투리 등등이 낯설음으로 다가올 때 나는 막연하고 막막하다. 기억이 교감되지 않는 곳에 산다는 일은 마치 뿌리내리지 못해 부유하는 수생식물 같은 떠돌이 삶이라고 한탄할 때도 있다.

늦은 밤 골목을 들어선다. 칠월이 되니 골목에는 풀비린내 물비린내가 진하다. 부엽토 냄새 같아 별로 향기롭지는 않지만 사람 사는 동네의 냄새는 그렇다. 내가 얼추 부산 사람이 된 것처럼 익숙해진 냄새에 안도의 한숨을 쉬며 걸음을 멈추고 밤하늘을 본다. 좁다란 골목길과 평행을 이루는 하늘 멀리 아주 희미한 별이 무사히 돌아오는 나를 반겨준다.

골목이 사라지면 이야기도 함께 사라진다

골목은 시나브로 사라져 가지만 나의 골목 산책은 변함이 없다. 나지막한 야산을 중심으로 재송동과 반여동이 어우러져 있는데, 서서히 낡아가는 집들에서 시간의 흔적을 읽는다. 나의 골목 산책은 삶을 이해하는 방식이며 인간을 이해하려는 나만의 방식이다. 지금은 감나무나 대추나무, 석류나무 등이 푸른 기염을 뿜어내는 싱그러운 계절이다. 한참을 걸어 어느 담 모퉁이를 돌면 높다라니 널린 빨래가 바람에 나부낀다. 특히 아름다운 빛깔의 능소화가 담장을 타고 넘어와 골목에 흐드러져 있으면 그냥 지나칠 수 없을 정도로 매혹적이다. 화려한 빛깔의 꽃이 주렁주렁한 담장 아래에서 혼자 보기 아까워 한참을 서성인다. 꽃과 한 묶음이 된 듯, 인생의 한 정점에 도달한 듯 아름다움에 빠져든다. 일상이 아무리 바쁘고 시들하다 해도 아름다운 꽃의 매혹을 무심히 지나칠 수 있겠는가? 꽃을 올려다보는 지금이 인생의 정점이라고 고집을 피우며 차곡차곡 마음의 풍경을 쌓는다.

산허리까지 들어찼던 집들이 점점 허술해져 간다. 집은 낡아 기울어가는 외형을 지녔지만, 익숙한 풍경이 주는 정겨움에 마음의 위안을 얻는다. 빈집이 늘고 낡은 집은 뜯겨나가 그 자리는 공터가 된다. 나무와 풀과 꽃들이 공터에서 푸르러간다. 자연 본래의 모습을 찾아가고 있다. 사람 없는 골목을 혼자 호젓이 걸으면 나도 자연의 일부임을 새삼 인정하게 된다. 원래 산이었으니 새도 벌레도 들짐승도 제 자리, 제 집인 듯 담장들을 잘도 뛰어넘는다. 집주인은 나무를 베어낼 생각이 도무지 없으신 것 같다. 나름의 깊은 철학을 지니신 것 같다. 나무와 넝쿨식물이 지붕을 뒤덮어도 아랑

곳 하지 않으신다. 집주인은 시간을 잊은 듯했고 시간은 집주인을 비켜 간 듯하다.

어느 집에서의 기침 소리가 햇살처럼 반갑다. 열린 적 없는 파란 대문은 늘 침묵이 흘렀는데 적요의 순간에 사람의 기척을 들을 수 있어 반갑다. 집도 사람과 함께 늙어 슬레이트 지붕이 기우뚱하고 담장은 깨지고 금이 가 있다. 골목에서 뛰노는 아이들이 없다. 골목 평상에 나앉아 수다 떨던 여인네들도 없다. 길바닥의 시멘트에 금이 가 그 틈으로 갖가지 잡풀만 빼곡해져 간다. 여름풀로 골목이 우거지면 벌레도 함께 기승을 부린다. 소외되어 가는 이 동네에 소독차가 지나갈 것인지 궁금하다.

인생의 거의 전부를 주택에서 살았고 지금도 살고 있지만 사실 주택 살이는 그렇게 간단치 않다. 그럼에도 불편함과 번거로움과 구차스러워 보이는 등등을 감수하며 주택을 고집하는 나 같은 사람이 더러 있다. 창문만 열면, 현관만 열면, 대문만 열면 온몸으로 감지되는 야생, 이 날것이 주는 싱그러움은 건강한 선물이다.

계절에 따라, 날씨와 기후에 따라, 시간에 따라 그 느낌은 달라서 매일매일 "좋아요, 잘했어요." 칭찬을 듣는 아이의 마음이 되어간다. 마당 한 구석의 꽃밭은 아침의 설렘이다. 어제는 올해 처음으로 채송화가 한 송이 피었고 오늘은 네 송이가 피었다. 우환이나 슬픔도 이 작은 것으로 위안을 받는다. 작고 여린 식물도 물을 줘가며 보살펴야 하는 수고로움이 즐거움으로 환원될 때 주택에서 살아가는 일상이 나름 행복이라고 말할 수 있다.

그렇다고 늘 즐거움만 있는 것은 아니다. 요즘 같은 장마철이면 물 빠짐이 좋도록 마당 하수구에 신경 써야 한다. 산에서 날아든 나뭇잎이 하수구를 막아버리면 자칫 집안으로까지 빗물이 역류하기 때문이다. 주택은 외부의 날씨가 고스란히 집안으로 밀려 들어와 추위와 더위에 취약해서 적절한 대처법이 있어야 한다. 또한 모기는 기본이고 지네 등등 이름도 모르는 희한한 벌레들이 집 안 구석구석은 물론 심지어 신발 속에서도 등장한다. 지네에게 물리면 병원을 가야 할 만큼 통증이 크다.

우리집은 야산 끝자락에 있다. 봄, 여름을 지나며 유심히 봐지는 것이 칡넝쿨이다. 뉴스에서 보니 칡넝쿨을 '초록 유령'이라고들 하며 '유해식물'이라고 규정했다. 하루에 30센티씩 자란다는 칡넝쿨이 산을 뒤덮고 나무의 숨통을 조여 말려 죽인다고 한다.

사람은 필요함과 불필요함 사이, 아름다움과 추함 사이, 위기와 안정 사이, 갈등과 화해의 사이에서 고민하며 사는 것 같다. 해마다 태풍이 심한 날이면 칡넝쿨에 휘감긴 나무들이 집을 덮칠까 봐 조바심으로 밤을 보낸다. 불안에 떨며 태풍이 지나가기를 기다린다. '이제, 그만 이사 가야지, 더 이상 못 살겠다.' 결심하지만 태풍이 지나가고 나면 또 그럭저럭 살아진다.

요즘은 바람만 살짝 불어도 칡 냄새가 진동한다. 그 향기의 아련함에 취해 책 한 권 들고 뒷마당에 나와 앉아 논다. 유해하단 말은 인간의 말일 뿐이다.

들큰한 칡 냄새가 온 동네에 퍼지면 지나가는 동네 사람이 옛이야기 한마디씩 꺼낸다. 팔월 중순이 넘어가면 칡꽃이 핀다. 담장을 넘은 칡꽃이 꽃 방석을 드리운다. 칡꽃 냄새가 더욱 짙어가면 아침저녁으로 오는 바람도 조금 서늘해진다.

사람이 얼씬거리지 않는 한낮이면 골목은 고양이들의 차지다. 담장 위에 길게 누워 해바라기하거나 공터의 나무 아래에서 나른함을 즐긴다. 어쩌다 보면 제 그림자를 놀잇감 삼아 뒹굴며 논다. 새끼를 거느리고 앞질러 가는 풍경을 만날 때면 내가 모르는 세상의 다른 면을 살짝 보여주는 것 같다.

문득 만나지는 사건 속에서 자신이 확인되는 순간은 누구나 있을 것이다. 생각해 보니 나는 내 삶으로 다가오는 얼기설기, 덕지덕지, 아슬아슬, 삐뚤삐뚤한 세상의 풍경을 사랑해 온 것 같다. 그래서, 그러함으로 내지르는 탄성들, 숨소리들을 오래오래 기록하고 싶다.

한때는 나의 길이 바다인 줄 알았다

뜨거운 물에 손목을 데었다. 며칠 지나 물에 데인 자리에서 고래 한 마리가 솟아올랐다. 꼬리를 바짝 치켜세우고 수면을 치고 오르는 자그마한 핑크 고래였다. 선명한 고래 무늬 흉터에 놀라 쓰라림도 몰랐다. 탕 탕 탕 물살을 치는 소리가 들려오는 듯했다. 손목에 새겨진 핑크 고래의 예감이 좋았다. 바다의 화신이 되어 시의 영감을 전해주려고 나를 찾아온 것 같았다. 손목에 새겨진 핑크 고래가 부디 먼바다까지 헤엄쳐나가 자유롭기를 빌었다. 무인도를 지나 폭풍우를 뚫고 미지의 바다를 항해하라고 쓰다듬어주었다.

바다 앞에 서서 파도를 보며 '격정'이란 단어가 떠오른다 했더니 친구는 '격랑'이란 단어가 떠오른단다. 격정과 격랑이란 두 낱말의 길은 각각 다른 곳을 향하고 있다. 젊은 그때는 격정이란 그 말이 근사하게 생각됐다. 격정은 불가피함에 휩쓸려 스스로를 통제할 수 없는 힘겨운 싸움의 길임을 세월이 지난 지금 조금 알겠다.

친구가 강원도 산골짝에서 부산까지 찾아왔다. 이십여 년 만에 만난 친구에게 먼저 바다를 보여주고 싶었다. 너에게는 깊디깊고 높은 산이 있지만 나에게는 해안이 여성의 가슴 곡선처럼 아름다운 송정 바다가 있다고 자랑하고 싶었다. 청춘은 갔지만 끝없이 일렁이는 물결과 구름을 가슴에 실컷 담아보자 했다. 깊이를 모를 바다와 하늘의 드넓음과 푸른빛의 광활함 아래 해풍에 머리카락을 흩날리며 걸어 보자 했다. 또한 비린 삶으로 얼룩진 옷자락을 풀어 헤치고 갯바람과 수평선과 나란히 걸어보자 했다. 소식이 두절된 채 각자 이력을 바다라는 절대 공간 앞에 함께 허물고 싶었다. 완강했던 서로를 펼쳐보자. 모래에 파묻히려는 발을 꺼내어 앞으로 걸으며 모래가 길을 방해하는지, 모래의 의지를 우리가 방해하는지 따위는 따지지 말자고 말하려 했다. 지난 시간에 저질러진 오해나 오류는 잊어버린지 오래였기에 바닷가 모래밭에 퍼질러 앉아 밤을 꼴깍 새우자 했다. 그러나 친구는 나의 들뜸을 한순간에 날려 보냈다. 바다를 등지고 돌아서서는 툭 한마디 던졌다.

"파도가 울렁울렁해서 어지럽다."

바다에 대한 예찬도 사실 그리 오래된 이야기가 아니다. 결혼과 동시에 서울에서 부산으로 내려왔다. 가까이에 바다가 있다는 사실에 소녀처럼 설레었다. 낯선 도시에 살며 기쁘고 속상할 때, 화날 때, 눈물날 때 바다와 마주 앉아 망연자실했다. 그러나 어찌 된 일인지 바다는 답답한 내 심정을 이해해 주지 않았다. 위로는커녕 나를 더 답답하게 만들었다. 바다는 어떤 위로도 해주지 않았고 혼자 출렁일 뿐이었다. 나를 밀어내는 바다를 품어보려고 더욱 열심히 바다를 서성거렸다. 그렇게 한 20여 년이 지난 후 알았다. 나의 욕망이 얼마나 부풀려져 있는지를. 바다는 품어 안는 것이 아니라 바다의 품에 안기는 것임을 비로소 몸으로 알게 되었다.

나는 바닷가에서 태어나지 않았고, 바다에서의 찐한 연애사도 없는데 바다는 나에게 그리움과 환상의 공간이 되었다. 생업을 위해 바다에 뛰어들어 물일을 해본 적도 없다. 내 삶과 상관없는 홀가분한 공간이어서 바다가 좋다. 대상과 이런저런 얽힘이 없기에 아무런 부채감이 생기지 않는 바다는 슬픔이든 아픔이든 은폐하고 유기하기 좋은 장소였다.

바다는 세상의 모든 불순물을 수용하고 또한 걸러준다. 흘러드는 것을 포용하는 바다는 어머니와 같다. 달 없는 그믐에 서면 내가 무슨 비련의 주인공이라도 되는 양 없는 슬픔도 생겨나고 또 있는 슬픔은 지워진다.

한동안 바다를 가지 않았다. 아니, 가지 못했다. 바다는 혼자 울기 딱 좋은 공간이었다. 죽는다면 아무도 없는 밤바다에서 죽고 싶다고 쓴 적이 있다. 파도의 선율, 멜로디 속으로 물거품이 되리라 끄적거렸다. 바다, 저 깊은 심연에서부터 올라오는 소리, 그 깊은 소리의 주체이고 싶었는데 파도가 나의 슬픔을 쓰다듬었고 나를 위로해 주었다.

핑크 고래가 사라졌다. 손목을 찬찬히 훑어 봐도 고래의 흔적이 없다. 그러나 어쩌겠는가, 고래가 그물에 걸리지 말란 법 없다. 작살 받지 말라는 법 없다. 온통 길이고 온통 함정인 드넓은 바다에서 길 잃지 말란 법 없다.

모래를 털고 일어나 집으로 돌아오는 저녁, 태양이 서쪽으로 옮겨 앉으면 나도 수평선까지 헤엄치다 돌아온 것처럼 만족스럽다. 핑크 고래가 내 살 깊이, 핏줄 깊이, 뼛속 깊이 영혼에까지 닿았으리라 믿는다. 꼬리를 바짝 치켜세우고 탕탕 물살을 치면서 먼바다로 가고 있음을 믿는다. 나는 사라진 것들을 믿는다. 나를 스쳐간 풍경, 부끄러움, 절망, 사랑, 오해가 순해졌음을 믿는다. 사라진 것들을 생각할 때 나는 나의 밖에 있다. 사라진 것이 나를 바다에 앉혀 놓았다. 절박했던 사랑을, 심장을 열고 썩은 부위를 도려내 주던 노래를, 비난으로 빗발쳤던 내 눈동자를 바다가 주저앉혔다. 무릎 꿇게 했다.

법정 306호

바늘꼬리칼새, 고니, 금눈쇠부엉이, 검은이마직박구리, 긴꼬리딱새, 노랑배진박새, 흰눈썹붉은배지빠귀, 붉은머리큰제비갈매기, 쇠유리새, 붉은가슴흰죽지, 긴다리솔새, 붉은가슴밭종다리, 옅은재갈매기, 넓적부리도요, 민물도요, 쇠붉은뺨멧새, 검은댕기해오라기, 꼬까도요, 장다리물떼새, 흰꼬리수리, 올빼미, 뒷부리도요, 참수리, 동박새, 섬참새, 솔개, 흰눈썹뜸부기, 독수리, 알락꼬리도요, 검은멧새, 털발말똥구리, 섬촉새…

새들도 이름이 있다. 고향이 있고 조상, 부모, 형제, 친구도 있다. 김춘수의 시 「꽃」에서는 "내가 그의 이름을 불러주었을 때 그는 나에게로 와서 꽃이 되었다"는 구절이 있다. 이름은 존재를 증명한다는 증거이고 따라서 그 이름을 지닌 존재들의 생존에 필요한 생활 영역과 먹이 영역이 절대적으로 보장되어야 한다고 생각한다. 새에게는 백악기를 날아다니던 익룡의 DNA가 포함되어 있다. 익룡의 발자국 화석이 가장 많이 발견된 곳이 한반도라고 한다. 새들의 역사를 따라 거슬러 올라가 보면 거기 인간도 함께 존재하고 있다.

새도 지혜가 있고, 규율과 규칙과 감각기능이 있고 사람이 인지하지 못하는 부분까지 보고 판단하는 뇌 구조를 가지고 있다. 계절에 따라 이동하는 철새들은 위대하다. 아무르강, 시베리아, 캄차카반도, 알래스카 등 수만 수천 킬로를 날아온다. 먹지도 않고, 잠을 자지 않고, 길도 잃지 않고 여기 낙동강 하구로 정확하게 찾아오는 철새들의 여로는 눈물나도록 아름답고 놀랍다.

난생처음 법원이란 곳을 갔다. 낙동강 하구에 건설 중인 대저, 엄궁, 장낙 대교 공사를 중지해달라는 고소장을 제출했고 오늘이 첫 번째 재판을 받는 날이다. 입구부터 검열이 삼엄했다. 주민등록증을 확인받고 소지품 검사와 몸수색도 받았다. 의외로 사람들이 많다. 다들 고소장을 들고 무표정하거나 불안하고 조심스러운 얼굴이다.

우리 일행 <낙동강 하구 지키기 전국 시민 운동>과 <습지와 새들의 친구> 회원들은 306호실 앞에서 잠시 자세를 바로잡고 경건하게 서서 문이 열리기를 기다렸다.

말소리, 숨소리, 발소리도 나지 않게 조심조심 법정의 긴 의자에 차례로 앉았다. 마치 전깃줄에 앉은 새들처럼 질서정연했다. 재판장이 입장하여 모두 일어나 인사하고 오른손을 들어 선서를 했다. 참석 회원이 호명될 때 우리는 생존의 터를 잃을 위기에 처한 새들의 심정으로 돌아가 비장한 목소리로 "예"라고 대답했다. 재판장께서는 흐트러짐 없는 근엄한 태도와 침착한 얼굴로 짧게 질문을 했고 우리 대표 박중록 선생께서는 간단명료하게 답을 했다.

ppt를 띄워 대교大橋건설 반대의 이유를 보여주었다. 화면 가득 큰 고니들이 날고 있다. "낙동강 하구의 대표적인 철새 큰고니의 핵심 서식지가 다리 건설로 인해 파헤쳐지고 있으니 공사를 중단해달라."는 항의였다. 새 중 가장 덩치가 큰 큰고니는 활강, 하강을 하기 위해서는 4킬로미터의 거리가 확보되어야 한다. 그런데 낙동강에 3개의 대교가 또 건설되면 큰고니와 같은 큰 새들은 거리 확보가 되지 않아 살아갈 수 없다. 또한 낙동강 하구는 생태계의 보고이다. 희귀 동식물, 멸종 위기종과 같은 야생 생명체들이 집단을 이루며 살고 있으니 보호받아야 마땅함을 화면을 통해 보여주었다.

야생동식물의 낙원인 을숙도, 김해평야, 명지 파밭, 신호 갯벌, 진우섬, 신자섬 등 낙동강 주변의 크고 작은 모래톱들이 시나브로 사라져간다. 습지가 줄고 썩어가며 황폐해졌다. 신항만개발과 4대강 사업은 강물의 섭리를 거부하고 인간의 역사로 바꿔 버렸다.

지구 생존 종種의 개체수를 보자면 누가 가장 많을까? 인간, 동물, 새, 곤충, 벌레, 식물… 다양한 종에서 조류도 그 무엇에 뒤지지 않을 만큼 많다. 인간류의 편의에 따라 정한 '동물보호법'이 있다. 야생동물에게 물이나 먹이를 주지 않고 방치하는 행위도 학대로 규정한다. 직접 폭력을 가하지 않아도 고통을 예견하면서 아무 조치도 취하지 않았다면 그것이 학대이므로 법으로 금지한다. 조류도 동물권에 속하기에 보호받아야 할 권리가 있다.

인간은 날아가는 새를 보면서 우주라는 광활함을 발견했을 것이다. 높이 나는 새에게서 날아오르기를, 희망이라는 미래 언어를 배웠을 것이다. 멀리 나는 새들에게서 자유를, 또한 갈망에 시달리는 자아를 보아냈을 것이다. 목소리가 아름다운 사람에게 꾀꼬리 같은 목소리라 표현했다. 『장자』에서의 붕새는 극초월적 사상을 인간의 이성으로 판단해 보도록 명제를 던져주었다. 새들은 그만큼 인간의 신체나 의식 속에 깊이 들어와 있다. 새와 인간은 삶도 공유하는 존재임을 인정해야 할 것이다.

사람들도 알 것이다. 자본과 개발, 기술, 문명이라는 명분으로 자연을 훼손시키는 행위를 속으로 두려워하고 있을 것이다. 환경파괴로 인한 기후 위기 현실을 점점 실감하고 있기 때문이다. 그러나, 그럼에도 일말의 멈춤도 없이 펀치를 날려 파괴한다. 편리와 속도, 경제적 이득이 있다고 그럴싸하게 포장하여 폭력을 합리화한다.

사람이 야생 생명체들의 생존 영역을 아무렇지 않게 파괴하다 보면 폭력에도 무감각해진다. 갖가지 논리와 학설을 만들어 이익의 타당성만을 고집하는 사회는 경계선이 없고 도덕적, 윤리적 가치도 생략되어 간다. 낙동강 하구 대교건설은 부산시가 앞장서서 폭력을 부추기고 있는 형국이다.

지구는 사람의 소유물이 아니다. 사람은 자연의 규칙에 따라 살아가는 생명체들의 존재 방식을 존중해야 한다. 곧 3차 재판이 열릴 예정이다. 사람만을 위한 편리와 속도를 새들에게, 동식물들에게 양보하라는 판결이 내려지길 희망한다.

조류탐사대를 따라가 아미산 전망대에서 바다와 합류하는 낙동강을 본다. 무한히 아름답고 평화로워 그 성聖스러움에 스스로 부끄러움이 인다. 자연도 인간에게 종교만큼 숭고한 위치에 놓여있음을 부끄러움을 통해 깨닫는다.

요즘 낙동강 하구는 분주하다. 크고 작은 겨울 철새들이 시베리아에서 알래스카에서 돌아오고 있기 때문이다. 편대를 이루며 날아오는 새들의 날갯짓이 장관이다. 광활한 하늘을 날아 무사히 돌아온 새들은 온몸으로 기쁨을 표현한다. 새들의 언어가 얼마나 격정적이고 다정하고 섬세한지 들어보시길 바란다. 일 년 만에 돌아온 반가운 마음을 얼마나 크게 외치는지, 그 경이로움을 숨죽여 지켜보는 자신을 한번 경험해 보시길 바란다.

2부

여름이 나를 낳았다

여름

김종상 시인

엄마가 김매시는
서숙밭머리*

도롱 삿갓 모아서
볕을 가리고,

아기는 혼자 놀다

잠이 들었다.

들파리가
눈가에 앉았다 가고
개미들이 배꼽을
타고 놀아도,

꿈속에서 그들과
어울렸는가
발그레한 두 뺨이
방실방실 웃는다.

*서숙-조, 좁쌀의 방언

시를 쓰는 일은 혼자 노는 일이다. 수작이든 실패작이든 자신이라는 늪에 빠져 끄적이는 작업이다. 필생을 바쳐도 아깝지 않을 시 쓰기 놀이는 위험하다. 그럼에도 인생 전부를 걸어 한 가지를 택하겠다는 결의가 있다면 박수 쳐 줄 일이다.

시인은 얼마나 공을 들여가며 놀아야 할까. 시 쓰는 자는 무한정의 시간과 무한정의 실패와 자기 부정을 요한다. 그 고뇌의 힘으로 한 글자 한 글자 새겨 갈 때 그때야 조금 시의 맛을 느낄 수 있겠다. 자기 얼굴을 찰싹찰싹 갈겨가면서 없는 들파리를 쫓는 시늉을 하면서 혼자 놀다 놀다 나동그라질 때, 시는 비로소 조금 앞으로 나아간다.

나는 여름 출생이다. 음력 7월, 장마도 끝나고 정수리가 녹아내릴 만큼 뜨겁게 태양이 이글거릴 때이다. "여름 한낮 미시未時쯤 간장을 달이다가 엄마가 너를 낳았다." 나보다 12살 많은 언니의 증언이다. 지게 작대기를 꽂아놔도 싹이 돋는다는 옛말처럼 태양과 땅의 기운이 가장 센 여름에 태어난 것이다. '응애' 하고 첫 울음을 터트리는 순간 '아, 여기는 엄마 뱃속보다 넓구나, 좋아, 좋아' '세상은 이렇게 뜨거운 곳이구나 좋아, 좋아, 후끈거리는 이 느낌이 좋아' 너무 좋아 팔다리를 힘껏 휘저으며 앙앙거렸을 것이다. 작은 알몸을 휘감는 땅의 열기, 숨 쉴 때마다 폐부로 빨려드는 뜨거운 공기, 가족들의 입김과 환호성, 눈이 닿는 곳마다 온통 초록, 오감을 통해 전해오는 질펀한 풀냄새, 풀이 푹푹 썩어가는 쿵쿵함에 섞인 나의 첫울음은 한낮의 온 동네를 더 뜨겁게 달궜을 것이다. 나의 운명은 그 열기 속에서 결정되었다. 그래서일까, 나도 한때 미친 여름 날씨처럼 불을 좀 뿜으며 돌아다녔다.

엄마는 이따금 "물컹한 서숙밥이 먹고 싶다."고 했다. 살포시 웃으면서 고개가 갸웃해질 때 엄마의 얼굴은 의외로 선해 보였다. 엄마에게도 저런 표정이 있다니 거짓말 같았다. 찰기가 좋은 서숙에 보리와 쌀을 조금 섞어 지은 서숙밥은 거무스름하고 물컹했다. 씹을 것 없이 미끄러지듯 삼켜지는 맛없는 밥을 한 숟갈 뜰 때마다 서숙밥은 숟가락에서 줄줄 흘러내렸다. '이건 아이가 먹을 수 있는 음식이 아니야'라고 투덜거렸다. 코찔찔이 동생의 콧물과 비슷해 입맛이 싹 달아났다.

언제부터인지 밥상에서 거무스름한 서숙밥은 보이지 않았다. 돌이켜 생각해보니 엄마에게 서숙밥이란

단지 배고픔을 면해보려던 궁휼의 음식이기 이전에 기억에 대한 순수한 자기 고백이었다.

서숙밥만이 아니었다. 엄마는 콩나물밥, 시래기밥, 감자 고구마밥, 무밥 등 갖가지 맛없는 밥을 골라 우리 여덟 남매에게 지어 바치셨다. 콩나물밥이나 시래기밥은 깨소금 넣은 왜간장에 비벼 먹으면 그럭저럭 먹을 만했다. 그런데 무밥은 죽을 만큼 싫었다. 익은 무 냄새에 비위가 상해 밥이 목구멍으로 넘어가지 않았다. 또 명절 때면 무시루떡을 쪘는데 그때에도 무 냄새가 고약스러워 손도 대질 않았다.

내가 그렇게 싫어해 먹지 못하는 데도 엄마는 나의 고역스러움은 안중에도 없어보였다. 오히려 나 보란 듯이 커다란 양푼에 무밥과 고추장을 넣고 쓱쓱 비벼 볼이 미어지도록 밥숟가락을 밀어 넣었다. "용용 죽겠지"하는 엄마의 모습에 억울하고 분해서 무밥을 지은 날은 아예 밥을 먹지 않았다. 그때, 그래서 내 키가 크다 말고 요만한가 보다. 혼자 돌아서서 '우리 엄마는 분명 계모일 거야'라고 투덜거리며 언젠가 친엄마가 나타나 나를 데려가리라고 고대했다. 어디서 돈도 많고 인자하신 노인이 나타나 "내가 니 애미다" 해줬으면 좋겠다고 참으로 어처구니없는 상상으로 혼자 키들거리기도 했다.

김종상 시인은 동시 작가이시다. 「여름」이란 시를 언제 읽었는지 정확하게 떠오르지 않지만, 순식간에 시에 빨려 들어갔다. 나의 몸과 정신의 구성 요소는 혼자 놀고 있는 저 아이와 같은 상황에서 시작되었다는 것을 단박에 알 수 있었다. 엄마는 엄마대로 아기는 아기대로 각자의 세계에 몰입해 있다.

도롱 삿갓은 볕을 가리는 용도이지만 엄마는 왜 자신을 은폐시켰을까? 아기는 왜 앙앙거리지도 않고 들파리, 개미 같은 성가신 것들과도 방실방실 잘도 놀까? 엄마의 밭매기 노동은 노동이 아닌 자신만의 완강하고 고유한 세계로 여겨진다. 한여름 양산을 쓰는 여자의 행위는 태양을 차단하기 위함을 넘어 세계와 자신을 분리시킴에서 오는 희열에 있다. 엄마의 도롱 삿갓 안쪽은 꿈의 공간이고 환상과 음모와 도약이 은폐된 공간이다. 자신과의 오롯한 만남은 고단한 현실 너머 미래 세상에 대한 희망과 확신을 찾기 위함이라고 본다.

절제된 언어로 무한한 상상력을 일으켜 한 번에 사람을 홀리는 시는 흔치 않다. "시는 사소하고 작은 부분을 통해서 전체를 보여줘야 한다"라고 습작 시절 선생님께 누누이 들어왔던 가르침이 있다. 저 들파리들, 꼼지락거리는 개미들의 출연이 얼마나 신선하냐. 아기 혼자 놀다 잠든 저 장면이 유토피아 아니겠느냐. 경험에 덧대어 시의 행간을 상상하는 일은 독자로서의 즐거움이다. 다양한 궁금증으로 오래 들여다보게 하는 시가 좋은 시다.

서숙밥을 좋아하는 엄마와 엄마가 좋아라 하는 것을 싫어하는 딸에게서 핏줄의 함수를 무엇으로 찾아낼까? 나는 곧 100세이신 엄마를 사랑하고 이해하기 위해 무던히 애를 쓰는 편이다. 엄마는 지금도 나보다 힘이 세고 욕심도 많고 목청도 좋다. 서로 완강해서 엄마 옆에 딱 하룻밤만 자고 와야 한다. '이 세상에 딸을 이겨 먹는 엄마는 없다'라는 나의 앙앙거림에도 엄마는 주방으로 마당으로 뒷방으로 나를 쫓아다니며 사사건건 잔소리를 해댄다. 내가 아직도 예닐곱 먹은 철딱서니로 보이시나 보다.

시「여름」은 서로를 침범하지 않는 완벽한 구도를 갖고 있다. 자신의 세계를 고수하는 엄마와 아기의 대립각을 김종상 시인은 다섯 컷의 이미지로 보여주었다. 자신의 시 세계를 구축해 가는 시인의 시간과 공간을 축약해 보여주는 이「여름」시는 여름날 태어난 나의 기억에 오래도록 남아있다.

은지

선교사로 활동하고 있는 은지의 집은 난민촌 아이들이 와서 공부를 하면 학교가 되고, 함께 예배를 드리면 교회가 된단다. 난민들과 둘러앉아 밥을 먹으면 가족이 되고, 모여 앉아 담소를 나누면 사랑방이란다. 또한 질병과 상처로 고통받는 난민들의 치료소가 되기도 한단다. 전쟁으로 피폐해진 난민들이 웃음과 희망을 되찾을 수 있도록 기도하는 기도처이기도 하단다.

팔월 오후 해운대 바닷가는 가만히 있어도 떠밀릴 만큼 사람이 많다. 은지는 특유의 환한 웃음으로 달려와 “고모”하며 먼저 나를 반긴다. 은지는 큰 오빠의 맏딸이다. 나를 단박에 알아본 은지는 40대 초반이지만 어릴 적 해맑은 아이의 표정 그대로이다.

선교사가 된 은지는 남편과 두 딸과 함께 이스탄불의 시리아 난민촌에서 봉사활동을 하고 있다. 봉사라는 말보다 난민들과 함께 살아가고 있다는 말이 더 적절할 것 같다. 어려서부터 워낙 영특했던지라 집안에서는 장관 자리는 분명해졌다고 기대했는데 은지는 사회복지과를 선택했다. 그리고 결혼과 동시에 복지에 대해 더 많은 공부가 필요하다고 미국으로 대학원 공부를 하러 떠났다.

9월이면 내전이 끝난 시리아로 선교 활동지를 옮겨갈 계획인데 가기 전 잠시 한국에 들어왔다고 한다. 그동안의 소식을 전하는 은지의 해맑음에 눈물이 나는 걸 참았다. 어릴 적 착하고 영특했던 은지가 편안한 삶을 마다하고 어려운 길을 선택해 가고 있으니 고모인 나는 안쓰러움이 앞섰다.

시리아 난민촌에는 내전으로 고국을 떠나온 부모 잃은 아이들, 자식과 남편을 잃은 여자들, 폭군 남편에 학대받는 여자들, 팔다리가 잘린 늙고 병든 사람들이 두려움과 공포의 눈빛으로 어렵게 살아간단다. 우리나라도 6. 25때 "기브미 초콜렛, 기브미 초콜렛"이라며 아이들이 미군들을 따라다녔다는 아빠의 우스개가 이젠 절대 우습지 않단다.

튀르키예와 시리아는 같은 이슬람교이지만 난민들은 차별받고 학대받는단다. 혐오와 차별을 방관하는 묵시록은 사원의 가장 높은 자리에서 아래를 내려다보고 있단다. 나라가 나라를, 인종이 인종을, 권력이 약자를, 자본이 빈자를, 폭력으로 폭력을, 생명이 생명을, 착취하는 세상에 신神은 아무 일 하지 않기에 쓸모가 없어 보이더란다.

난민촌 아이들과 함께 찍은 사진을 몇 컷 보여주었다. 열 살 남짓해 보이는 아이들의 웃음이 환하다. 눈동자는 유리창처럼 맑단다. 난민들은 특정 지역을 벗어날 수 없으며 열 살도 안 된 아이들이 하루 종일 노동에 시달린단다. 싸구려 옷을 만드는 공장에서 먼지를 뒤집어쓰고 일을 한단다. 교육받을 기회가 없기에 글을 읽고 쓸 줄 모르고 숫자의 개념도 이해하지 못한 채 방치되어 간단다. 늘 창문으로 빼꼼히 들여다만 보던 한 아이가 비닐봉지에 공책과 연필을 들고 왔더란다. 누가 이 작은 아이에게 두려움을 가르쳤는지 고개를 숙이고 발소리도 없이 들어오더란다.

2015년 9월 튀르키예 해변으로 떠밀려온 시리아 난민 아기 아일란 쿠르디가 축 늘어진 인형처럼 바다에서 들어 올려졌을 때 세계는 야만의 얼굴을 감추고 죄지은 얼굴인 척했다. 선한 얼굴을 하고 슬픈 척했다. 성호를 긋고 합장하고 무자비한 폭력과 약탈에 대해 성토하고 반성하는 척했다. 폭력의 살상을 고발한 이

참담한 사건으로 인간의 도덕성을 실험해 보았다는 듯 얼마 지나지 않아 세계 언론과 사회에서 멀어졌다.

시리아는 내전이 끝난 지 1년쯤 되었다. 정부군과 반군 극단주의 세력 간의 복합적인 갈등에서 빚어진 13여 년의 전쟁이 2024년 종식되었다. 중동의 화약고라는 위험 지역에서 수백만 명의 사상자와 난민들이 생겨났다고 한다.

인권과 평화가 파괴되어버린 시리아의 재건을 위해 세계 각국과 유엔기구에서 구호 물품을 보내고 있단다. 어느 나라는 건물을 지어주고, 끊어진 다리를 연결해 주고, 어느 나라는 길을 만들어 주면서 폐허의 도시를 복구하는 중이란다. 그러나 각국에 방치되어 있는 시리아 난민들은 언제쯤 고국으로 돌아갈 수 있을지 불투명한 상태란다.

"어느 나라로 가든 트렁크 2개면 우리 가족 4명이 충분히 살 수 있어요." 은지가 웃는다. 옆에 있던 은지의 남편도 아이들도 따라 웃는다. "신발도 옷도 한가지 씩이면 충분해요. 전자, 전기제품도 크게 필요치 않고 음식도 그때그때 상황에 따라 굶지 않고 먹어요. 이스탄불 난민촌에서 5년 동안 사용했던 살림살이 등의 모든 집기류는 그대로 두고 가요. 그래야 다음에 오는 선교사들이 생활할 수 있어요." 은지는 고모인 나에게조차 조심스러운 듯 그리고 담담히 말한다. 혈연이기에 고모가 마음 아파할까 봐 신경이 쓰이는 모양이다. 그렇다. 나는그렇다. 여기 도시에서의 삶은 가난해서 가난한 것이 아니라 소비 욕구가 충족되지 않아 가난하다 말하고 소유 욕망이 충족되지 않기에 가난을 말한다.

박해받는 자의 친구 은지, 가난하여 소외된 자들의 친구 은지, 세상 속의 은지, 세계의 은지, 지구인 은지, 우주인 은지, 생명윤리를 아는 은지, 도덕적 인간 은지, 종교인 은지, 다른 호모사피엔스와 관계 맺은 호모사피엔스 사피엔스 은지, 만국 언어인 해맑은 웃음과 지혜의 눈빛을 지닌 은지.

몰입이라는 아름다운 말

가을도 무르익었다. 초가을부터 울울하던 풀벌레도 이따금 기척만 할 뿐이다. 갑자기 닥친 추위로 미물도 흙 속으로 움츠러들었는지 어둠은 지독히도 적막하다.

유리창에는 고요가 깊다. 이 책 저 책을 뒤적이다가 컴퓨터 키보드를 두드린다. 혼자서 하는 재미있는 놀이이다. 재미있는 장난감이다. 한 권의 책 속에 백 개, 천 개의 험난한 길과 파편화된 세상이 있다. 혼자 외로워도 괜찮고 외로우면 더 깊이 빠져드는 매력이 있다. 그런 매혹에 빠져 어느 여성 작가는 요절했고 어느 늙은 작가는 눈이 멀었다. 또 어느 작가는 고독에서 벗어

나려다 평생 고독에 갇혀버렸으니 집요한 글쓰기란 제 뇌를 파먹는 작업이라고 중얼거린다. 글쓰기 놀이에 빠져 내 몸이 늙어 소르르 주저앉는 줄 몰랐으면 좋겠다. 창문이 낡고 낡아 거미줄로 가득 채워진다 해도 아까울 것 없는 밤이다.

몰입이란 언어만큼 아름다운 말이 있으랴. 책을 읽든 글을 쓰든 지독한 사랑에 빠지든 몰입이라는 흡입력은 강렬하고 순간적이어서 생生을 내려놓게도 한다. 아름다움의 황홀경이 비극적 결말을 불러들이기도 한다. 그러나 비극인들 또한 어떠랴, 자신의 맹세로 자기의 눈을 찌른 오이디푸스처럼 몰입의 순간에는 어리석음이나 현명함을 판단하고 분석해서 처신할 수 있는 여지가 없다.

시간은 그야말로 번개처럼 나를 지나쳐 나도 기꺼이 비극을 감수해도 괜찮을 나이가 되었다. 그러니 두리번거리지 말고 멈칫거리지 말고 지금의 놀이에 몰입하자. 컴퓨터 키보드를 두드리는 속도에 언어의 밀도는 촘촘했다가 성글었다가 지워져 처음의 백색으로 돌아갔다. 무슨 덧댈 말이 떠오르기를 기다리다 유리창의 어둠을 내다본다.

창문 밖으로 손을 내밀어 어둠을 휘휘 저으면 보이려나, 그 점박이 고양이는 아직 그 자리에 앉아있을까? 한낮 복숭아나무 아래 웅크리고 있던 작은 몸피의 생명체가 궁금해진다. 마른 나뭇잎이 푹신했는지 고양이는 아주 편안한 품새로 어둡도록 앉아있었다. 오목렌즈에 햇살을 끌어모으는 아이처럼 흐트러짐이 없다. 한 글자 한 글자 채워 넣기 위해 혼신을 다하는 작가의 집요한 응시 같다. 지루하기도 하련만 한참 있다 봐도 그 자세 그대로 골똘히 앉아있다. 복숭아나무에 떨어지는 햇살이 점점 서늘해져도 생각하는 것조차 잊은 듯 생각이라는 것이 아예 없는 듯 고요하다. 그렇게 재바르던 몸의 속도를 제어하고 오롯이 앉아있는 고양이의 결기에 창문 안쪽에 있는 내 몸이 서늘해진다.

여름 내내 기염을 내뿜으며 허공을 휘젓던 넝쿨식물도 푸르기를 멈추었다. 무섭게 뻗어나가던 습성을 어떻게 주저앉혔을까. 식물은 수행이 잘된 선승처럼 고요하다. 책상에 앉으면 푸른 것들이 한눈에 들어온다. 부산스럽던 새소리도 벌레울음도 바람 소리도 없다. 늦가을의 고요는 아직 어려서 바깥세상을 오래도록 궁리해 보는 점박이 고양이 같다.

햇볕에도 음영陰影이 있다. 볕이 와서 닿는 각도와 면에 따라 어느 부분은 눈부시고 어느 부분은 서늘하다. 심지어 이리저리 가늘게 늘어진 거미줄에서도 빛은 입체적이다. 빛은 가늘디가는 줄 위에서 목숨의 위태로움과 빛남을 동시에 반복적으로 드러낸다. 작은 마른 잎 두어 장이 거미줄에 매달려 대롱거린다. 가을볕이 닿는 곳마다 빛은 차갑고 파리하다. 오래 웅크리고 있는 고양이도 예사롭지 않다. 저 깊은 골몰의 자세는 자신의 캄캄한 뇌 속을 뒤져 언어라는 빛을 발굴하느라 몰입하는 시인과도 닮았다.

내가 홀로 묻고 답하는 사이 어둠은 더 깊어졌다. 어두울 때라야 조금 보이는 것, 어두워야 조금 맑아지는 것이 있다. 어두워야 비로소 간절해지는 것이 있다.

오늘 밤의 창밖은 천 년 전의 내가 봤던 풍경이다.

늦가을을 배웅하러 나왔다가 길을 잃고 너무 먼 곳까지 와 버린 까닭이다. 쌀쌀한 적막이 한정 없이 따라와 동무나 해주려고 걸어본 것이다.

늦가을에 만난 떠돌이 개

깜짝 놀라 한 발짝 뒤로 물러섰다. 누런 잡풀이 뒤엉킨 풀섶에서 온몸에 지푸라기를 다닥다닥 붙인 개 한 마리가 뛰쳐나왔다. 짐승인 저도 나를 보고 놀랐는지 허둥지둥한다. 각자의 길에 생각지도 않게 뛰어든 복병이었으리라. 나를 빤히 쳐다보는 개의 눈에 내 모습이 어른거린다.

누렁아, 숨 쉬는 모든 것들은 온기가 있을 터 네가 보기에 나는 어떤 사람 같아 보이니? 선뜻 다가서지 못하는 이상한 냄새를 지녔니? 달려들어 덥석 깨물어도 허물어지지 않는 완강함을 지닌 것 같니? 너의 긴 혀로 따뜻하게 핥아주고 싶은 그런 측은함이 한 군데라도 있는 거니?

녹음 빽빽한 칠월에 이 길을 걸었는데 빳빳했던 풀독은 어디로 다 빠져나갔을까. 서리 맞은 싯누런 잡풀들이 바람도 없는데 힘없이 주저앉고 있다. 한여름, 꺾일 것 같지 않던 푸르디푸른 오기를 어찌 다 가라앉혔을까.

영화를 보러 집을 나섰는데 십일월의 하늘이 기막히게 눈부시다. 목적지를 정해두고 집을 나서도 길 잃어버리기 딱 좋은 하늘빛이다. 무거운 몸과 신경세포를 푹신푹신한 의자에 맡기고 가상의 세계로 빨려 들어가는 시간은 환상 그 자체이다. 하지만 오늘은 얼굴을 스치는 차가운 공기와 하늘의 푸른빛이 나를 더 황홀하게 한다. 마음을 바꾸어 산으로 향했다. 프루스트의 시 「가지 않은 길」처럼 나도 운명처럼 하나의 길을 버리고 하나의 길을 찾아간다. 구름 한 점 없이 푸른 하늘 아래 망설임도 없이 길을 바꿨다.

몇 달 동안 미루었던 절집을 간다. 성聖과 속俗이 다른지라 내 마음 내키는 대로 불쑥 찾아가기 어려운 일이다. 불교 신자라 말하기에도 멋쩍고 친분이 있는 것도 아닌지라 마주 앉기 어려운 자리다. 숙제 검사를 하는 선생님 앞에서의 초조함처럼 불편함을 감수하고 길을 틀어 절집을 찾아가는 이 마음은 어디에서 온 것인지 발길이 가볍다.

누가 숨어서 하늘 사방 귀퉁이를 잡아당기는가 보다. 하늘이 풀 먹인 이불 홑청처럼 팽팽하다. 산길은 불그죽죽하니 맨살이 드러나 있다. 여름의 습기가 다 빠져나가니 푸석푸석 먼지가 인다. 흙먼지를 뒤집어쓰고 걸어도 산뜻하고 가볍다. 가파른 산길을 얼마든지 걸을 수 있을 것 같다. 등 뒤로 따라오는 차가운 햇살이 따뜻하다. 나무를 흔들며 지나가는 바람이 고요하다. 고요는 고요를 흔들어 나에게 고요함을 알려준다. 내 안에도 고요가 있다는 사실을 알아차리는 순간 잔잔한 기쁨이 밀려온다. 산길을 걷고 싶었던 이유를 알겠다. 호젓이 나와 나를 만나게 해주고 싶은 마음이었다.

풀섶으로 사라진 누렁이의 눈이 떠오른다. 햇볕을 받아 유리알같이 반짝거리는 그 개의 눈에서 잠깐 내 모습을 들여다 본 것이다. "누렁아, 집으로 가라." 말해줄 걸 그랬다. 뭉뚱그려진 내 몸이 바닥에 엎질러진 물처럼 개의 눈알에서 어른어른했다. 눈도 코도 분명한 태아胎兒가 외딴 산에서 혼자 어슬렁거리는 것 같았다. "누렁아, 며칠을 굶은 거니?" 물어볼 걸 그랬다. 짧은 순간이었지만 나와 마주 보기를 하였다.

나는 나와 거기에 있었다. 바람이 물 위에 파문을 일으켜 내가 잘 보이지 않을 때가 더 많았지만 나는 늘 나와 함께이다. 더듬거리는 목소리가 있고, 불안정한 눈초리가 있고, 쓸데없는 조바심이 있고, 아무에게도 나눠주지 못하는 마음이 있다. 들키고 싶지 않은 쓸쓸함이 있고 생살을 찢어 피를 봐야 하는 분노가 있다. 꿈틀거리는 것만 보면 뭉개고 싶은 살의殺意가 있다. 이렇게 여럿인 내가 서로 싸우기도 하고 서로 다독이기도 한다. 때론 한목소리로 울기도 하고, 다시 안 볼 듯

외면한다. 몸뚱어리가 마치 요지경처럼 어지럽다. 나는 나와 함께 그런 세상을 산다. 그러므로, 그러므로 산길을 걸어간다.

십일월, 아직은 조금 덜 춥고 한 해가 다 가려면 아직 한 달이나 남았다. 아직이라는 말은 미래와 통한다. 다가오는 것들에게 희망을 품는 말이다. 그림자와 놀이를 하듯, 둘이면서 하나이고 하나이면서 둘인 내가 묻고 답하면서 늦가을 산길을 걷는다. 번득이는 그 떠돌이 개의 눈알에서 빠져나온 나는 은빛 억새밭을 지나고 입술 파리한 구절초 옆을 지난다. 아직 지지 않은 잎들이 나풀거리는 상수리나무 앞을 지나간다.

겨울 골목에는 필 것이 없다

인기척도 바람도 창문의 삐걱거림도 없다. 꽃향기가 사라진 시점이 언제인지 기억나지 않는다. 보이지 않는 것, 만져지지 않는 것, 그 앞에서 맹세했는데, 꽃을 빌어와 소원을 말했는데, 내 목소리의 흔적이 없다. 겨울 골목에는 필 것이 없다. 문을 잠그고 커튼을 치고 하고 싶은 말은 쌓아 두어야 한다. 침묵이 체온보다 뜨거워야 한다. 꼭꼭 닫혀있는 이웃집 대문도 마음을 열고 이따금 두드려봐야 한다. 수도꼭지는 조금 풀어놓고 불빛이 얼지 않도록 손바닥으로 쓰다듬어야 한다.

고양이 무리는 제 울음을 다 거두어서 골목을 떠났

다. 시멘트 계단에 놓아둔 비린 것들이 얼어붙어 버렸다. 우편함에서 편지를 꺼낼 때, 깨진 보도 블럭 틈으로 얼음이 박혀갈 때 그때쯤 사라졌다. 두 번 다시 돌아오지 않을 것처럼 계단이나 풀밭 하수구에서 제 흔적을 싹싹 핥아낸 다음 운신했던 몸의 집을 허물고 사라졌다. 생선 부스러기를 비닐에 담아둘 필요가 없어져 나는 영 허전했다. 따뜻한 나라 향기로운 풀숲에서 윤기 흐르는 새끼들이 야옹야옹 태어났으면 좋겠다.

집을 버리고 싶어, 영원히 갖고 싶지 않아 안달하다가 돌멩이를 던져 내 방 유리창을 박살내버렸던 나는, 성에가 낀 창으로 혹한이 꽃향기처럼 스미는 여기에서, 뼈 시린 냉골의 은신처에서 몇 번째 겨울이더라, 민들레처럼 한 철만 살다 날아가려 했는데… 아뿔싸, 나는 식물이 아니었다. 이율배반적으로 눈물 콧물을 찍어내며 징글징글하게 또는 기술적으로 밤의 빙판도 미끌미끌 잘 걸었다. 또 어느 눈동자를 향해 돌을 날릴지 모른다. 나는 가끔 내가 무서워 밤 골목에다 벌을 세운다.

평상이 그림처럼 놓여 있다. 쓸모없어진 것은 아무도 일으켜 세워주지 않는다. 가벼운 엉덩이를 쑥 들이밀 때까지 찬바람이 스쳐갈 때까지 시간을 견뎌야 한다. 햇볕이 시멘트 담벼락으로 바늘구멍만큼 스미면 고양이가 새끼들을 데리고 돌아올 것이다. 벚꽃 같은 이야기가 평상 위로 흩어져 골목이 왁자지껄할 때까지 소박맞은 여자처럼 겨울 동안 처량해져 있을 것이다.

책을 읽었고 전화를 받으며 말장난도 쳤는데 두런거림이나 웃음, 근심 보따리를 풀어놓았던 평상은 황량한 대지 같다. 포근한 눈 대신 먼지만 뿌옇게 가라앉아있다. 먼 곳의 안부와 돌이킬 수 없는 절박함과 키들거림은 접시에 올려진 과일처럼 시들어버렸다. 한 여자는 울었고 그 옆의 한 남자는 라면과 술을 먹었고 나는 시집을 읽는 척 하면서 그들을 읽었다. 울음 저장고가 깨져 눈물을 찔끔거리는 여자를 달래느라 시집도 저녁밥도 내려놓았다. 함께 울어줬어야 했는데 나는 눈물단지가 없다. 노래 주머니만 가을 풀벌레처럼 붕붕거릴까 봐 입을 닫아야 했다. 내 이야기가 너무 엉뚱했는지 여자는 울음을 그치고 나를 빤히 바라봤었다. 이른 봄 여자는 이사를 가버렸고 웃자란 목련에서 병든 여자의 얼굴색을 하고 꽃이 피었는데 나의 미안은 너무 늦었다.

참았던 말을 다 뱉어낸 골목은 침울하고 쓸쓸하다. 불빛에도 발아래가 어두워 공벌레처럼 몸을 말았다. 밤늦은 골목을 어슬렁거렸지만 아무도 나를 불러세우지 않았다. 낮익은 지붕 끝에 목을 매단 가로등은 침침했고, 담벼락은 어제보다 조금 낮아 보인다. 철 대문은 왼쪽으로 더 기울었고 목련 가지가 음산해서 내 두 눈이 움푹 꺼져간다. 이쯤에서 돌아갈까, 밤에 휘파람을 불면 귀신이 나온다는데 창문에 신문지를 바른 저 집에서 검은 그림자가 뛰쳐나올 것 같다. 겨울 골목의 이 섬뜩한 침묵을 지나가려면 모자를 깊이 눌러써야 한다. 주머니 깊숙이 손을 감춰야 한다.

옆구리에 끼고 배회했던 골목이 만리장성만큼 길어졌다. 벼라별 노래, 벼라별 웃음, 벼라별 장난, 벼라별 슬픔, 벼라별… 짓으로 골목이 드디어 환해졌다. 처마 아래 서있어도 한기가 들고 바닥은 갈라져 울퉁불퉁해나도 한쪽으로 비스듬해졌지만, 오래 깃들면 돌멩이도 따뜻해진단다. 메마르고 거친 바람의 골목에서 눈이 움푹해진 내가, 오지 않을 눈발 같다. 여름의 빗소리 같고 돌아선 사랑 같다. 벼라별 것들이 정말 별이 되어 차가운 밤하늘에 떠 있다. 오래 걸어 이제 막 도착한 여행지인 골목이 반가워 설레었다. 오늘밤은 혹한도 아늑하다. 몸이 무얼 기억한 것인지 배에서 꾸르륵 비둘기 소리가 난다. 얼음 박힌 바닥을 쓱쓱 문지른다. 발끝으로 글을 쓴다. 다리가 아프고 평상은 얼음물처럼 차갑다.

나의 노래는 못갖춘마디

한바탕 울고 났더니 가슴이 뚫린 듯 시원해졌다. 눈물샘이 문제인가, 감정선이 문제인가, 나이 먹은 여자의 눈물에 진실이 있는가, 반문해 보지만 언제부턴가 어지간히 험한 일에도 눈물이 나지 않아 슬그머니 걱정되었다.

비명이든 울음이든, 흥얼거림이든 제 살을 찢고 나오는 소리는 외부나 내부의 변화에 대한 몸의 반응이라 하겠다. 나는 내 몸을 흐르는 소리를 좋아한다. 혼자 가만히 걸을라치면 심장에서부터 발끝까지 바람 소리가 난다. 귓속을 울리는 이명이나 머릿속을 굴러다니는 생각의 소리를 따라가면 몸과 정신이 맑아지는 느낌이다. 설령 망상이라 할지라도 조용히 듣는 혼자 놀이도 재미가 붙어 즐겁다.

다시 노래를 시작했다. 이 설렘을 드높고 드맑은 가을 하늘에 비교할까. 폭풍우 몰아치는 해운대 바다에 비교할까. 십여 년 만에 다시 부르는 노래로 내 몸이 바다만큼 팽창되어 푸르게 출렁거린다. 콧구멍이 벌렁거려지고 눈썹이 올라가고 얼굴 근육이 씰룩거린다.

'자기만의 장소'에 대한 원고 청탁을 받았을 때 어렴사리 떠오른 주제가 노래였다. 노래도 장소가 될 수 있을까, 고민했지만 나의 마음과 꿈이 항상 머물러 있는 곳은 노래이기 때문이다. 그 흥얼거림은 정든 옛집을 찾아가는 휘파람 같은 것이어서 상처나 어려움 속에서도 길을 찾게 해주었고 헤쳐 나갈 용기를 길러주었기 때문이다.

어떤 절대성이 허공을 돌아다니다 나에게로 와서 노래를 빼앗고 시를 선물로 준 것 같다. 시인으로 등단한

지 몇 달 되지 않아 이러저러한 집안일들로 십오 년 활동하던 합창단 활동을 접어야 했다. 시에 집중하기 위해 쉬어야겠다 마음먹은 적 있지만 그건 그저 부풀었다 터지는 비눗방울 같은 달콤한 생각이었다. 겨울밤 난방이 되지 않는 찬 방에 누워 카치니의 <아베마리아>를 들으면서 혼자 울었다. 어려워진 살림살이를 더 절박하게 만든 것은 살아갈 앞날보다 노래를 불렀던 지난 시간에 대한 절박함이었다. 다시 노래를 부를 수 있다면 차라리 시인이라는 이 불편한 명패를 어디에든 반납하고 싶었다.

비 오는 날 밤 우산을 쓰고 노래를 부르며 외진 곳을 많이도 돌아다녔다. 우산 속 밀폐된 작은 공간에서 내가 부르고 내가 듣는 노래는 빗소리와 함께 따뜻했다. 생각이 짚이는 대로 흥얼거리며 불길 같은 감정에 휩싸이다 정신을 차려보면 몸은 비에 흠뻑 젖고 다리는 후들거렸다. 마치 노래를 향한 열망의 근원이라도 찾아가려는 각오처럼 걸어 모르는 곳에 와서야 비로소 잠잠해졌다. 괴로움이나 고통도 나름의 리듬을 품고 있다는 사실이 희미한 희망이었고 즐거움이었다.

집안 화장실은 공명이 조금 되는 곳이다. 처음엔 그저 혼자 연습 삼아 불러볼 요량이었지만 내 노래에 내가 취해 슈베르트의 <보리수>나 가곡 <사우>를 녹음해 보기도 했다. 반주 없는 어설픈 노래를 지인에게 퍼 나르기도 했다. "크리스마스 선물이다. 연말 선물이다." 하면서 그들이 좋아하든 말든 오해를 일으키든 말든 나의 읊조림은 감춰지지 않았다.

사람들은 흥이 나면 한 곡조 들려달라 했다. 삼삼오오 모여 앉은 자리엔 자청해서 부르기도 했다. 시인으로 갓 등단한 신인 시절 겁도 없이 노래를 부르며 날뛰었다. 어느 지역 문학 행사에 참석했는데 마지막이 노래자랑 시간이란다. 보아하니 무대 시설도 마이크 성능도 괜찮아 보였고 청중도 빽빽했다. 자처해서 무대로 뛰어올라가 미친 여자처럼 노래를 불렀다. 체면도 눈치도 없이 태엽 풀린 인형처럼 온몸을 흔들며 춤까지 추어댔다. 지금 생각하니 참 민망하기 짝이 없는 행동이었지만 그때는 그 무대가 나를 위해 마련된 듯한

화려한 공연장이었다.

어느 해 여름 토지문학관을 방문한 적이 있었다. 갑자기 소나기가 퍼부어대는 통에 일행 모두가 빗속에 갇혀 버렸는데 심심하니 노래나 듣자며 누군가 노래 신청을 했다. 나는 기다렸다는 듯이 맨발로 빗속을 뛰어들었다. 일행은 문학관 마루에 걸터앉아 내 노래를 들어주었고 나는 무슨 가수나 된 포즈를 해가며 비를 철철 맞고 노래를 불렀다. 그 이후 누군가 내게 '맨발의 디바'라고 쑥스러운 별칭을 붙여주기도 했다.

내 몸의 세포는 음표들로 이루어졌다고, 그것들이 모조리 살아나 몸 밖으로 뛰쳐나오는 것이라고 항변했다. 도대체 이런 미친 기운은 어디서 어떤 경로를 통해 왔는지 모르겠다. 사분음표, 십육분음표가 되돌이표, 높은음자리표가 디크레센도, 포르테가 나를 데리고 노는 것이라고 너스레를 떨었다.

노래로 인해 그렇게 들떠있던 순간은 나와 내가 불협화음을 일으키는 날들이었던 것 같다. 집이라는 갑갑함에서 놓여나고 싶어 부산에 와서 40여 년을 넘게 살고 있다. 자유는 얻었으나 겨울 눈 한번 제대로 오지 않는 삭막함이 싫었고 바다는 내 품에 다 안기지 않아 불만스러웠다. 수생식물처럼 흔들리면서도 삶의 리듬을 잃지 않아야 한다는 불안 때문에 오히려 박자를 놓쳐버린 기분이었다. 제멋대로 오선지를 벗어나 악보에 없는 하모니를 만든 것이다.

다행인지 불행인지 시간은 노래에 사로잡힌 나의 열망을 식혀 주었다. 사람의 발소리가 끊긴 빈집처럼 목소리도 생기를 잃었고 호흡도 짧아졌고 거칠어졌다. 주변의 반응도 시큰둥해져서 재미를 잃어갔다. 노래 부르는 일이 억지스러울 때도 생겼다. 다시 생각을 뒤집어보니 지난 시절 드레스를 입고 무대에 서는 일들이 쑥스럽게만 생각되어졌다. 지휘자의 손끝에서 바들거리던 높은음자리의 혼몽이 내 몸의 기억에서 희미해졌다. 노래를 부르며 절정에 도달했던 순간이 이미지로만 남아 허무했다. 제비처럼 명랑했던 노래 친구들도 소식이 뜸해졌다.

시지프스는 착하다. 순응으로 저항의 의지를 펼치니 불쌍하다. 어쩌자고 그렇게 죽도록 되풀이만을 고집하는지 등짝을 아프게 때려주고 싶다. 바위에 깔려 생명이 사멸되든 세상 한쪽이 허물어지든 네가 책임질 일이 아니니 집어치우라고 야단쳐주고 싶다.

그럼에도 나는 시지프스처럼 산다. 횡격막의 하나인 소리의 집을 잃고도 다시 삶을 일구며 미련스럽게 산다. 고통에도 리듬이 있다는 사실을 알아버렸다. 내 등에 올라앉은 바위도 삶이라는 한 음절과 함께 마디 안에 있으니 고통스럽게 깊이 들어 마셔야 한다. 큰 숨이 내 몸을 찢고 터져 나와 바위가 깨지고 만년설이 허물어지도록.

박자는 영감靈感이다. 정신 차려야지 하는 순간 박자를 놓쳐버린다. 내 몸의 감각과 의식을 선율에 맡겨야만 자연스럽게 따라갈 수 있다. 그것은 바람을 손으로 쓰다듬는 것과 같다. 내가 바람이 되어야 하는 일이다.

내 삶도 못갖춘마디이다. 한때는 하고 싶은 짓 다 하

고 살 것이라고 떠들어댔다. 노래를 그만두고서야 사람은 제 할 짓 다하고 살아서는 되지 않는다는 또 하나의 사실을 알았다. 나와 내가 엇나가서 잘못 맞추어진 박자들, 부르지 못한 노래로 빚어진 무수한 불협화음들을 나는 사랑한다.

퀸시 존스의 삶과 음악

흑인이 영화음악을 만들 수 있나? 이는 1960, 70년대를 넘어서까지 미국 사회가 흑인을 대하는 인식이었다.

평등, 평화, 인권, 자유, 인종차별, 비폭력 등의 명제를 이루기 위해 인류는 어떤 노력을 기울여 왔을까? 인류는 자연의 순환, 규칙에 의존하며 살아가는 동식물들에게도 공평하고 정의롭게 생명의 가치를 인정하면서 오늘에 이르렀을까?

그러하기 위한 노력의 공로를 꼽는다면 흑인 음악

에게 돌려줘야 할 것이고, 그 가운데 퀸시 존스라는 흑인 음악가의 열정과 피나는 노력이 뒷받침되었기 때문이라고 말하고 싶다. 퀸시 존스는 1933년 미국 경제공황 시절 일리노이주 시카고에서 태어나 2024년 11월 91세의 나이로 사망하기까지 그의 음악은 '혁명'이라고 외칠 정도로 세계인을 열광시켰다.

그는 "흑인 음악의 뿌리는 아프리카이고 음악이 우리를 승화시켰다."라고 고백했다. 퀸시 존스의 삶과 음악 세계, 그 여정을 보여준 다큐멘터리는 감동 자체였다. 영화에서 "이는 인종에 대한 이야기가 아니라 인간에 대한 이야기"라고 퀸시 존스를 소개했다.

"차별화가 사라진 세상이라야 인류가 평화, 자유를 향해 나아갈 수 있을 것 같아요." 재즈, 블루스, 솔, 힙합, 레게음악 등의 장르가 흑인들의 고통스러운 영혼을 얼마나 따뜻하게 위로해 주었는지, 또한 감사와 풍요로 슬픔을 어루만져 주었는지, 억압에서 해방시키는데 얼마나 크게 기여했는지 알리고 싶었다고 퀸시 존스는 말했다.

11살 때 처음으로 백인을 보았다는 퀸시 존스는 아버지도 깡패의 부하였으며 주변의 어른 남자들도 대부분 그러했기에 자신도 어른이 되면 깡패가 될 것이라 말했다. 조현병이었던 엄마와는 7살 때 헤어졌기에 흑인 노예로 살았던 할머니의 손에서 동생과 함께 자랐다. 퀸시 존스가 자신에게 음악성을 발견한 것은 어느 낡은 빈집에 들어가 안방 한가운데 덩그러니 놓인 피아노에 앉은 후부터이다. 이삿짐으로는 덩치가 너무 커 두고 갈 수밖에 없었던 피아노에서 버림받은 자신을 보았을 것이다.

흑인이 백인과 같은 식당에서 밥을 먹을 수 있나? 흑인이 백인들과 같은 교회에 앉아 같이 예배드릴 수 있나? 흑인이 밴드의 리더가 될 수 있나? 미국 사회는 1970~80년대를 지나오면서도 인종차별을 노골화했다.

퀸시 존스는 10대 중반 재즈 카페에서 트럼펫으로

연주를 시작했다. “남들이 깜둥이라고 놀릴 때 음악은 나를 제어하게 하는 무기였어요. 음악을 해서 굶어 죽지 않아 행복했어요.”라고 고백했다. 이십 대 중반 이후인 1950~60년대 전 세계로 밴드음악 공연을 다녔다. 유럽은 흑인에 대한 차별이 심하지 않았기에 밴드의 리더로서 음악 활동에 자유로울 수 있었다. 특히 예술가들의 천국인 프랑스에서는 자유와 낭만, 연애, 예술을 만끽하며 지냈다. 작곡과 음악이론을 배우면서 수많은 밴드를 이끌어 흑인이 아닌 한 사람의 음악가로서 자신의 미래에 대해 용기를 얻었다. 한번 일을 시작하면 끝날 때까지 멈추지 않았던 그는 음악인으로 인정받았고 무척 명랑했고 긍정적이었으며 만나는 모든 이들에게 겸손했다고 한다.

퀸시 존스는 유럽에서 다시 뉴욕으로 돌아왔다. 미국 사회의 흑인 차별화 벽을 조금씩 허물면서 재즈 연주자, 작곡가, 편곡가, 음반 프로듀서, 제작 경영자로서 죽음 직전인 91세까지 자신의 음악 세계를 펼쳐 나갔다.

흑인이 백인의 노래를 작곡할 수 있나?

그는 1967년 인종차별 문제를 다룬 영화 <밤의 열기 속으로>의 음악 감독을 했다. 퓰리처상 수상작인 스티븐 스필버그 감독의 영화 <컬러 퍼플> 등 많은 영화에 작곡을 담당했었고 아주 훌륭했다는 평가도 받았다. 음악에서도 차별의 벽이 깊었던 시절에 백인 가수 프랭크 시나트라와의 조우는 음악 작업을 함께 하면서 영혼을 나눈 형제라고 할 만큼 각별했다고 한다.

퀸시 존스는 R&B, 펑크, 소울, 빅 밴드, 스윙, 보사노바, 재즈, 힙합, 락앤롤, 팝, 디스코 등 다양한 리듬을 만들어내는 데 크게 기여했다. 전 세계 공연을 다니면서 아프리카 기근 퇴치 공연 등 인류 평등, 평화를 위해 일조했다. 또한 흑인 가수 마이클 잭슨, 레이 찰스, 사라 본, 엘라 피츠제랄드, 제임스 잉그램, 레슬리 고어 등을 비롯한 수많은 인기 가수들의 음반을 프로듀싱하여, 아티스트로 세계에서 인정을 받았다.

특히 마이클 잭슨과 음악 작업은 특별했다고 한다.

어린 나이였던 마이클 잭슨의 잠재력을 발굴해 주었다고 기록되어 있다. 인종차별과 국경, 성별, 세대와의 갈등을 겪고 있는 미국 사회에 영혼, 순수, 기도, 사랑, 예술을 담은 음악으로 대중문화를 예술로 승화시켰으며 인종차별의 벽을 허물었다. 마이클 잭슨을 열광하는 흰 피부의 얼굴들, 손목들이 화면 가득 채워졌을 때 퀸시 존스는 무대 뒤에서 음악 감독을 했다. 마이클 잭슨을 도와 함께 작업한 뮤직비디오 <Thriller>는 37주간이나 미국 앨범 차트 정상을 지켰으며 현재까지 역사상 가장 많이 팔린 앨범이라고 한다.

퀸시 존스는 미국 그래미 어워드를 수십 차례 수상한 팝의 거장, 팝의 역사를 말할 때 빼놓을 수 없는 인물이 되었다. 1999년 유엔연설에서는 "내 영혼의 검은 구멍을 메우려고 미친 듯이 뛰어다녔어요."라고 고백했다.

미국 워싱턴에는 흑인 역사박물관이 있다. 2016년 미국 오바마 대통령 때 완공이 되었는데 퀸시 존스가 완공식의 음악 감독을 맡았다고 한다. 흑인 역사박물관이란 명칭이 처음에는 어색하고 부적절한 표현 같았다. 하지만 1400년 전부터 노예로 묶여 살아온 흑인의 삶을 생각하면 역사의 부끄러운 치부는 기록, 전시되어야 마땅하다. 남북전쟁 이후 노예제도에서 해방되었지만 2000년대에 들어서까지 억압과 차별을 받고 살았다. 마틴 루터 킹 목사는 미국에서 흑인 인권운동을 주도했고 비폭력을 주장했다. 1963년 시카고 연설 중에 "뉴햄프셔의 높은 산꼭대기에서 자유의 노래가 울리게 합시다. 펜실베니아의 웅장한 앨러 게이니 산맥에서 자유의 노래가 울리게 합시다. 콜로라도의 눈 덮인 로키산맥에서 자유의 노래를 울립시다."라고 외쳤다. 마틴 루터 킹 목사는 1964년 노벨평화상을 받았으며 백인 극우파의 총에 맞아 사망하기까지 인종차별 철폐와 인종 간의 공존을 호소했다. 음악이나 영화, 인류사, 문학에서 흑인의 사회적 위치가 어떠한지 상세히 보아 왔다. 비인간, 비인격 존재로 차별화되었던 미국 사회에서 퀸시 존스와 같은 흑인 음악가들이 음악으로 투쟁하고 저항하고 호소해서 오늘을 이룩했으리라 본다.

며칠 전 텔레비전 <우리말 겨루기>라는 프로그램에서 다문화가족 청소년들이 출연한 것을 보았다. 피부색과 스타일은 각각 달랐지만, 명랑하게 웃고 수줍어하면서 문제가 틀렸을 때 아쉬워하는 표정과 몸짓들은 교실이나 길거리에서 만나는 보통의 청년, 청소년들의 모습 그대로였다. 한국말의 고유어와 사투리도 잘 알고 있었고 띄어쓰기, 문맥, 문장의 의미도 정확하게 이해하고 있었다.

다문화가족이라는 말은 이제 진부한 언어이다. 그만큼 한국 사회에서 일반화된 지 오래이고 우리나라 농어촌에서 도시 공장에서 다민족인들의 역할이 크다. 길거리, 전철, 시장, 어디에서든 쉽게 만나지는 이웃의 얼굴이다. 지금 21세기는 국가와 국경을 초월해 지구인들이 함께 살아가는 시대이다.

3부

시詩 이전에 나라는 것

나 이전에 시詩인 것

가을밤의 사제들

세상에서 제일 재미있는 놀이

사라지다에 대한 항의

우두망찰을 깨고 나와

시詩 이전에 나라는 것

소설가 박완서의 산문집 『꼴찌에게 보내는 갈채』 앞에서 참 난감했던 기억이 있다. 1977년 출간된 작품집이었으니 40년도 훨씬 지난 일이다. 제목이 줄거리의 반을 시사하고 있으니 어려워해야 할 이유도 없는 책 제목 앞에 당황스러웠던 기억이 지금도 생생하다.

꼴찌에게 갈채라니, 전쟁 이후 육칠십 년대 전반에 이르러 그 시대는 새마을 운동이니 발전, 개발이니 등의 구호로 잘 사는 것이 인생 최고의 가치임을 선동하는 온갖 수식어가 난무하는 시절이었다. 어른, 아이 없이 새마을 노래를 읊조렸고 교실에서든 광장에서든 시시때때로 노랫소리가 울려 퍼졌다. 가난은 무능과 게으름의 소치로 여겨 어떤 수단과 방법으로라도 극복해야 하는 전 국민적 국가적 난제라고 한목소리로 외쳤다. 그러한 시대에 꼴찌에게도 갈채라니, '시대와 역행, 불화'하는 문장을 책의 제목으로 올려놓으신 작가는 무슨 어처구니없는 생각을 하고 사는 사람인지 이해할 수 없었다. 그렇게 뒤떨어진 생각으로 살아도 되는지 내심 불만스러웠다. 무슨 일에든 최고만을 추구하는 시대에 작가라는 자들의 미래는 불안스럽기 짝이 없어 보였다. 소포클래스의『오이디프스왕』과 시집을 뒤적이면서 문청 시절의 몸살을 앓는 동안 꼴찌와 갈채라는 불편하게 조합된 문장은 참으로 오래 나를 따라다녔다.

시를 쓰는 근래에 와서야 문학이라는 예술 장르에 대해, 특히 작가 정신이란 무엇일까 고민하게 되었다. 삶에서든 사람에게든 표면에 드러난 사실보다 왜곡되어 표출된 내면의 의미를 작가 나름대로 진실 원칙의 세계를 꿈꾸며 재해석하는 것이라 말하고 싶다. '꼴찌는 꼴찌다'로 규정되기까지 꼴찌는 꼴찌 자리에 머무르지 않고 달렸을 것이다. 열정과 인내로 전심을 다해 꼴찌를 장식했다는 사실은 사실 이전에 평가받아야 할 끝까지 달리는 자의 '고고한 정신'일 것이다. 박완서 소설가의 작품『꼴찌에게 보내는 갈채』는 시대를 뛰어넘어 지금 시를 쓰는 나에게 삶의 가치란, 또 작가정신이란 무엇인가 하는 복합적 화두를 다시 제시해 주었다.

우리 시대 시정신? 이 시대가 시인의 눈에 어떤 모순을 지녔는가를 비평할 겨를 없이 시인도 다가오는 하루를 치러내기에 힘겨운 현실에 놓여 있다. 혹세무민의 세상도 아니니 행복이 물질에 있다는 과거의 어리석은 말은 이제 하지 않지만 소득 분배의 균형이 깨지고 소비 사회가 부추기는 상대적 빈곤층의 현실은 불안하다. 노동자, 농민, 법의 보호망에서 소외된 자들, 사회적 약자인 여성, 아동, 장애우, 동물 등에 대한 보호와 배려가 절실하다. 이러한 불균형 양태를 지닌 사회 속에서 생명이 얼마나 처참해지고 있는가에 대해 작가는 더 진지하고 폭 넓게 작품으로 다루어야 할것이다.

인문학, 철학이 유행처럼 넘쳐나고 예술, 여행, 상품, 자유, 오락 등 취향에 맞게 자아실현을 이룰 수 있는 풍요시대이지만 왠지 이런 과잉 문화 현상은 사회의 어둡고 소외된 현장을 감추고 왜곡시키려는 거품으로 느껴질 때가 있다.

부조리한 노동 현장에서 몸으로 싸우며 시를 쓰는 시인, 촛불을 밝히고 기도하는 시인, 제 뼈를 깎아 펜을 만들어 시를 쓰는 시인, 이빨 몇 개가 주저앉은 줄도 모르고 골몰하는 시인, 시인은 부단히 자기 세계를 모색한다. 삶의 현장인 현실과 시가 추구하는 이상 세계와의 괴리를 좁혀보려는 치열한 몸부림이다. 그러나 어찌 된 일인지 사회는 좀처럼 밝아지질 않는다. 아무리 유리알같이 맑게 시를 닦아도 통곡해야 할 일이 줄어들지 않는다. 시인의 상상력으로도 따라갈 수 없는 죽임과 주검이 눈앞에서 버젓이 펼쳐진다.

나의 문학, 나의 시는 시대 유감이나 시대와 불화하

는 속에서 어떤 역할을 하고 있을까, 나의 시정신은 또 무엇일까?

고려의 시인 이규보는 「시마詩魔를 쫓는 글」을 지었다. 시마의 폐해 다섯 가지를 말하였다. "네가 사람에게 붙으면 염병이 걸린 듯 몸이 더러워지고 머리가 봉두난발이 되며 수염이 빠지고 외모가 초췌해진다. 너는 사람의 소리를 괴롭게 하고 사람의 이마를 찌푸리게 하며 사람의 정신을 소모시키고 사람의 가슴을 여위게 하니 환란의 매개요 평화의 도적이다." 라고 글을 남기셨는데 시인이랍시고 시를 쓰는 나에게는 참 난감하기만 한 말씀인 것이다. 혹여 만에 하나도 내가 시마라는 몹쓸 병에 걸리면 어쩌나 덜컥 겁도 나는 것이다.

'장님 문고리 만지기' '죽은 자식 부랄 더듬기'라는 옛말이 있다. 냉철한 이성으로도 풀리지 않는 매듭이다. 아무리 애태우고 마음을 다해 치성을 드려도 소용없는, 이변이 없는 애타는 문장이다. 그러나 암흑천지인 세상에서도 바늘 끝만큼의 틈이 있다. 아니, 있다고 믿는다. 목숨이 다할 때까지 끝끝내 손길을 거두지 못하는 것이 살아있는 자의 절규 '어리석은 지극'이다. 나의 시가 그럴 수 있다면 더할 나위 없겠다.

십오 년 가까이 애지중지했던 고양이가 집을 나간 후 들어오지 않아 시름에 잠긴 친구와 강가를 서성였다. 냉이꽃도 흐드러지고 강바람은 봄을 충만하게 했지만, 사랑을 잃은 우리는 허무와 쓸쓸함을 이야기했다.

봄날의 눈부심과 상실의 슬픔에는 타협점이 없다. 무엇으로도 이해되지 않고 미화시킬 수 없다. 극복되지 않는 그 한가운데 쇠한 냉이처럼 질기게 우리는 앉아 있다. 서러움이 꽃이 된다. 기필코 그렇다. 자신 안에 핀 서러운 꽃이 들판으로 번져간다. 오래 들여다 보는 눈은 슬픔을 맛본 자이다. 기필코 그럴 것이다. '불확실한 확신' 그것이 나의 시다.

나 이전에 시詩인 것

돌아보니 옛것들의 대부분은 오류로 점철되어 있다. 그래서 또한 써먹을 말이 아직 많다. 태생적 가난에는 연민과 모멸감이 한 구덩이 속에서 들끓었다. 양철지붕 아래의 엄마는 인간의 덕목인 양 이율배반과 지독스러움을 적나라하게 삶으로 보여주었다.

"망각된 것은 되돌릴 수 없으며 그것을 재생하는 일은 커다란 충격을 동반하게 된다."라고 발터 벤야민은 말했다. 유년의 기억은 왜곡된 채 부분 부분 편집되어 시 속에 끼어들었다.

내가 좋아하는 나의 시 한 편을 소개한다.

여기는 잠시 머무는 고장
백년 만에 큰 눈이 내렸다 한다
하룻밤 새 백년이 무릎까지 쌓여
빠져나가는 길 사라졌다 한다
빨간 모자와 머플러를 휘감고
눈발을 헤치며 간다
서둘러
백년 전으로

나는 원래 사막의 사람
모래면 모래
재앙이면 재앙
뒤집어쓰고 걷던 사람
뼛속까지 까맣게 타들면서
아래턱 덜덜 떨어가면서
낮 밤을 걸어
사막으로 들어간 사람

전갈도 낙타도 지나간 흔적도 남겨두지 않는 모래 구릉에 내가 흘려놓고 온 흰 손수건 펄펄 휘날린다

만지면 녹아버리는 위험한 놀잇감
척척 달라붙는다
흰 어둠
흰 바람
흰 불안
흰 꿈
뒤돌아 봤다
따라오던 발자국이 끊겼다
문 닫힌 간이역처럼 나는 드디어 쓸모가 없어졌다
사막은 지워져 아주 보이지 않는데
입안이 버석버석하다
잠자듯 파묻혀 있어야겠다
몇백 년을 더 파묻혀 있어야겠다

—「사막을 향해 눕다」 전문

등단 후 얼마 되지 않아 「사막을 향해 눕다」를 쓰면서 몹시 괴로웠다. 시 쓰는 일이 두려움으로 다가왔다.

내가 나에게 재앙을 내리는 이런 짓을 기꺼이 할 수 있을까? 어찌어찌해서 시를 좋아했고 시를 쓰는 사람이 되었지만 '모래면 모래 재앙이면 재앙'을 뒤집어쓰고 걷는 사람이라고 나를 표현하기까지는 오랜 시간 고민에 빠져있었다. 시를 쓰는 일이 스스로 사지死地를 걸어 들어가는 형벌 같아 피하고 싶었다. 시 속의 주체는 나일 것이니 다른 표현은 없을까? 좀 더 아름다운 꽃길로 나를 데려갈 수 있지 않을까? 하는 타협점을 찾느라 밀쳐두기도 했다. 시가 나의 현실에 이물질처럼 끼어들어 억압한다고 생각했다. 몇십 년 눈이 오지 않는 삭막한 부산살이에 기다렸던 폭설인데 시가 나를 축복의 공간에서 떠나라 한다.

시가 나를 재앙의 공간이기도 한 사막으로 내몰면서 비극 안에 희열이 있을 것이니 살가죽이 벗겨지고 갈가리 찢어져 보라 한다. 시를 위해 어떤 재앙도 받아들이리라는 무모함으로 마지막 문장에 기꺼이 마침표를 찍고 오래 괴로워했다.

좋아하는 시인 윤동주의「쉽게 쓰여진 시」를 빌려 시와 시인을 말한다. "인생은 살기 어렵다고 하는데/ 시가 이렇게 쉽게 쓰여지는 일은/ 부끄러운 일이다"(「쉽게 쓰여진 시」 부분) 나는 시인 윤동주에게 빚진 자이다. 「쉽게 쓰여진 시」를 빌어 부끄러움이 무엇인가를 알았고 시인의 고뇌가 어디에 가닿아 있어야 하는지 생각하게 되었다. 「쉽게 쓰여진 시」는 나의 시쓰기의 전언傳言이요 전언典言이며 전언轉言이라 생각한다. 내가 기꺼이 시인이라면 자신의 시에 대해 제 삶의 방식에 대해 오욕의 부분을 찾을 수 있어야 했다.

시인으로 사는 일이 정말 어렵다. 시인이란 불편한 모자를 반납할 수 있는 곳이 있다면 기꺼이 돌려드리겠다고 엄살을 떨기도 했다. 끝없는 자성과 자기 부정, 자기 탐색, 세계에 대한 성찰의 자세가 요구되기 때문이다.

분노할 줄 알아야, 싸워야 할 때 싸울 줄 알아야, 남들 크게 웃을 때 혼자 화를 내는 이유를 찾을 줄 알아야 한다. 들고양이도 돌봐야 하고 시멘트 바닥에 널부러져 있는 지렁이에게 합장해야 하고, 여름 내내 모기

야도 뿌리지 말아야 했으니 시인 고명자는 자율적 감옥에 갇히고 말았다.

시인을 전재해 말을 꺼냈지만 열거하지 못한 무수한 일들이 사실은 사람으로써의 당연함이다. 내가 사람 도리를 못하고 살았다는 말이다. 시를 쓰면서 이렇듯 철없는 생각과 행동과 말에 대해 돌아볼 줄 알았으니, 나여, 시인이여! 시인이이서 고맙지 아니한가? 등단 20년을 즈음하여 가까스로 세 번째 시집을 얻기까지 스스로 감옥에 들어앉아 사는 재미가 어떠셨는가….

시는 허공에다 집을 짓는 넝쿨식물의 여린 순筍 같은 것

시는 어둔 방안에서 주인의 먼 발소리를 끌어당기는 고양이 귓털 같은 것

시는 0.0001초 박자의 오차도 허용하지 않으려는 성악가의 숨과 같은 것

시는 불장난에 빠진 다락방 계집아이의 지글거리는 눈빛 같은 것

시는 쓰고 싶은 대로 쓰고 세상의 어떤 편견으로도 쓸 수는 있겠으나 그것이 다 시라고 우길 수 없는 것

옛것에 기대어 생각하는 버릇을 이제 버려야겠다. 옛것에 기대어 살아가려는 습성을 바꿔야겠다. 비애의 아름다움을 알 때도 이미 지났다. 어떤 시는 나를 두렵게 하고 어떤 시는 나를 목마르게 한다. 또 어떤 시는 나의 의식을 풍선처럼 무참히 터져버리게 한다. 시로 인하여 내 삶이 더 비장해진다. 어떤 단단한 확신이 있어 시를 사랑한다.

가을밤의 사제들

방안에 불을 켠다. 창문을 열고 책상에 앉는다. 피곤이 물러간다. 책상에 앉으니 편안하고 정신이 맑아진다. 혼자 차를 마시고 책 읽고, 쓰고, 갖은 혼잣말과 망상으로 어떤 날은 웃고 어떤 날은 심란해진다. 만장이 휘날리는 나의 놀이터이다. 심취하고, 골몰하고, 골똘하게 만드는 나의 공간이 만들어졌다는 것, 천만다행이란 말은 이럴 때 쓰는 것이리라.

창문으로 들어오는 밤공기가 쌀쌀하다. 창밖은 캄캄하지만 풍경은 선명하다. 마음에 담아둔 것은 어두울수록 더 잘 보인다. 간절함의 깊이만큼 환하다. 개복숭아나무, 오디나무도 어둠에 잠겨 우두커니 있다. 개복숭아꽃 흐드러진 봄날은 세상의 모든 흐름이 멈춘 듯 황홀했다. 지금은 나뭇잎이 떨어지는 쓸쓸한 절기이다. 그러나 내가 집에 없는 한낮에도 새들은 나뭇가지 위에서 꽤 소란스러웠을 것이다. 동네 여자는 또 나무 옆에 슬그머니 쓰레기를 던져놓았을 것이다.

오래전 집이 한 채 헐려 나간 자리는 빈터가 되었다. 나무가 자라고 이름 모를 풀이 무성한데 이제 온갖 벌레가 깃들어 산다. 요즘은 풀벌레들의 합창에 가을 잠은 달아나고 먼 우주가 내 귓가로 다가온다. 어찌나 쩌렁쩌렁한 소리로 오시는지 밤하늘의 별이 우수수 쏟아져 내릴 것만 같다.

도시의 별빛은 참으로 미미하다. 그러나 별에 대한 기억은 미미함 그 너머에 있다. 어느 해 겨울 영주 부석사에서 하룻밤을 보낸 적 있었다. 잠들기에도 아까운 밤이어서 살그머니 밖으로 나와 봤는데 요사채 위로 쏟아지는 별에 놀라 휘청했다. 차가운 겨울밤 하늘에 총총한 별들은 그야말로 주먹만큼이나 컸는데 그 무수한 별이 내 얼굴로 마구 쏟아질 것처럼 위협적이었다. 또 별빛은 얼마나 강렬하던지 그만 눈이 찔릴 것 같은 두려움에 온몸이 떨려왔다. 벌써 오래전의 일이지만 별에 대한 경이로움은 몸으로 체득되어 지금도 생생하게 살아있다. 오늘 밤 풀벌레 소리가 별에 닿아 그 파장으로 별이 쏟아지고 지구가 산산이 쪼개지는 큰 변화가 생기는 것은 아닌지 문득 무서움이 인다.

가을 풀밭은 풀벌레들의 웅장한 무대가 되어 밤마다 음악의 파노라마를 펼친다. 이름도 알 수 없고 크기, 모양, 성격, 성향, 색깔이 다른 저마다의 작은 생명체들이다. 마치 밤하늘의 사제들이라도 되는 양 인간의 희비극을 매일 밤 읊어준다. 어떤 풀벌레 소리는 너무나 간곡하고 애절해서 오페라 아이다의 비극적 사랑한 대목을 읊는 듯 가슴이 저릿해져 온다. 생애의 비극적 서사가 어디 네게만 있으랴, 하는 생각이 들면 숨이 콱 막히고 눈물이 솟는다. 또 다른 풀벌레 소리는 얼마나 심술 궂고 맹랑한지 뺑덕어멈이 심봉사 닦달하는 판소리를 읊어대는 듯 우악스럽다.

불을 끄고 풀벌레 소리를 듣노라면 벌레는 인간보다 진화한 존재라는 확신이 든다. 인간의 몸보다 우수한 기능이 많아 보이는 날개, 여러 개의 길고 굵은 다리, 벌레만이 탐지할 수 있는 촉각, 식물성 먹이, 그리고 겨울을 나는 방식의 비밀 등이 있다. 그중에 가장 우수한 것은 소리인 것 같다. 여리디여린 작은 몸통에서 저렇게 아름다운 멜로디가 흘러나오다니 신비로움 그 자체이다. 풀벌레 소리는 소리의 강약, 빠르기와 느리기는 물론 스타카토, 비브라토, 화음이나 불협화음의 화성도 자유롭고 구체적으로 표현된다. 노래로 교신하는 의미를 알 수 없지만, 의미를 세우는 것은 인간의 방식이다. 의미도 없고 철학, 배후도 없고 욕망, 주장도 없는 그저 순수하고 맑은 생명체로서의 격조 높은 소리. 그들만의 소통 방식이 한없이 아름답고 부럽다.

독창이었다가 이중창, 삼중창이었다가 대합창으로 이어지는 풀벌레 소리를 듣노라면 나를 대신해 부르는 것 같아 황홀하다. 아니, 부르다 그만둔 노래를 다시 함께 부르는 듯 행복하다. 피곤이나 괴로움, 분노나 비애도 인생이라는 길고 긴 악보에 구성되어 있는 각각의 악장일 것이라는 위안을 얻는다. "노래는 군중과 함께 불러야 행복하다. 혼자 부르면 외로워진다." 나이지리아의 시인 니이오순다레의 시구이다. 풀벌레의 노래를 듣는 순간 피곤했던 하루가 비로소 편안해진다.

그러고 보니 풀벌레 소리도 조금 사윈 것 같다. 간헐적으로 들려오던 풀벌레 소리가 어느 날 뚝 끊기고 나면 세상과 소통하는 길도 모조리 끊겨버린 듯 한동안 분명 외로울 것이다. 그런 풀밭이 있는 빈터 쪽으로 창문을 내고 나도 여기 오래된 집들이 많은 골목 끝에 산다. 길이 집이고 길 위의 시간이 생의 전부인 길고양이도 늦은 밤이면 내 창문을 기웃거린다. 눈에 호랑이 불을 켜고 담장에 앉아 내 방안을 들여다본다. 눈이 마주쳐도 달아날 생각을 하지 않는다. '길 잃을라, 마음 잃을라, 우리 자주 눈길 주지 말자.' 혼잣말로 중얼거린다. 세상이 온통 신비로운 어린 고양이가 내 방안을 탐색하다 사라진다. 불빛 환하고 먹을 것 있고 차茶 있고 이불 있고 책 있는 나의 이 길이 마음에 들지 않는 모양이다.

세상에서 제일 재미있는 놀이

"세상에서 제일 재미있는 일은 창작하는 즐거움이다." 습작 시절 시 창작 교수님께서 들려주신 말씀이다. 당시는 창작의 열정으로 불타던 순수의 시절이었으므로 교수님의 말씀에 이백 프로 공감, 동의했다. 그 말씀을 지침 삼아 좋은 시를 쓰는 시인으로 살아가리라 다짐했다. 그렇게 몇 년이 지나 어쭙잖은 시인이 되었고 책상머리에 앉아 시간을 보내려고 애를 쓴다. 시집을 3권 내면서 습작 시절의 열정에 하나 더 보태진 것은 창작의 괴로움이다. 마음먹은 대로 시가 써지지 않으니 책상에 앉아있는 시간이 헛된 것만 같아 한숨이 나고 불안감도 커져 간다. 언젠가 말도 안 되는 이런 농담을 한 적도 있다. 내가 창작에 몰두해 있는 시간과 노력과 열정으로 일을 했더라면 아마 큰돈을 벌어 다른 삶을 살았으리라고.

몇몇 지인과 식사를 하며 한담을 나누는 자리였다. 육십 줄 여인들의 주제는 '인생에서 무엇이 가장 재미있나'였다. 자식 자랑, 여행 얘기, 한마디씩을 꺼내놓았다. 무엇이 내 인생에 끼어들어 즐거움을 주는가, 지금 내 삶은 풍요로운가 등의 그렇고 그런 이야기가 흘러나왔다. 이러쿵저러쿵 입방아들 사이 남편이 돈을 잘 벌어다 준다는 친구가 하는 말 "세상에서 제일 재미있는 일은 돈을 버는 일이다"라며 다 마신 커피잔 내려놓는 듯 툭 말을 던졌다. 그 말에 나는 짐짓 진지한 표정으로 '창작하는 재미'라고 일갈하고 싶어졌다. 그러나 속으로만 '참 속물스럽다' 혼자 뇌이면서 은근히 얄궂은 눈빛을 쏘아붙였다.

'창작하는 재미'와 '돈 버는 재미'의 간극에 다른 점은 무엇이며 같은 점은 무엇일까, 그리고 두 가지를 다 할 수 있으면 즐거움이 배가 될까? 인생을 더 풍요롭게 해줄까? 창작하는 일은 정신적 즐거움을 주는 일이요, 돈 버는 일은 물질적 즐거움을 주는 일일 것이다. 그러나 두 가지 모두 개인의 삶에서 분리하기 애매한 가치를 지녔다. 그래도 굳이 어느 것이 더 재미있는가를 놓고 선택하라 한다면 사람마다 가치 기준이 다를 것이니 답도 역시 다르리라 여겨진다.

뭐니 뭐니 해도 money가 좋고 '돈 쓰는 일'이 제일 즐겁다고 한다. 백화점 외벽에 붙은 대형 브로마이드에는 자기 키만큼 큰 쇼핑백을 어깨에 걸친 여자가 아주 행복한 표정으로 서있다. 금방 세상 밖으로 튕겨나갈 자세로 당당하고 도도하게 서있다. 돈으로 살 수 있는 것은 물건뿐만 아니라 자유와 낭만과 인격과 품위까지이며 그 이상 무엇이라고 부추기는 듯 백화점은 이미지 광고를 하고 있다.

백화점에는 시계가 없고 창문이 없다. 신데렐라의 마차가 호박으로 변해버린 순간처럼 이성을 깨워주는 것은 시간이다. 그러니 이성이 돌아오지 못하도록 시간도 여타의 일도 지워버리고 오로지 소비를 위해, 자신을 위해 몰두하라는 완벽한 배려이다. 가끔 백화점 내 스피커에서는 "울고 있는 아이를 데리고 있으니 데려가라"든지 "놓고 가신 물건을 찾아가라"하는 멘트가 나온다. 쇼핑하는 데 정신이 팔려 아이를 잃어버릴 정도면 그것은 물질에 관한 자아 탐구의 완벽한 시간이라 말할 수 있겠다. '생각한다. 고로 존재한다'라는 니체의 말이 변형되어 현재에 와서는 '소비한다. 고로 존재한다'라는 신조어로 돌아다닌다. 니체 선생께서 아신다면 욕망의 도구로 전락한 인간 때문에 다시 산속으로 들어가실 것이다. 백화점 문 앞에서 줄 서있는 사람들, 남보다 먼저 새 상품을 구입해 자랑해야 직성이 풀리는 사람이 눈살을 찌푸리게 한다. 백화점 대형 브로마이드는 현대인들에게 소비함으로 자기 존재의 당위성을 찾아가라는 또 다른 예로 보여진다.

돈에 대한 무수한 말을 떠올려보자. 돈을 부리는 것

은 사람이다. 쌀독에서 인심 난다. 돈은 귀신에게 맷돌도 돌리게 한다. 눈먼 돈이 생겼다. 사람이 거짓말하지 돈은 거짓말을 하지 않는다. 어느 돈에서는 비린내가 나고 어느 돈에서는 똥내가 난다. 사과 박스에 돈을 넣어 뇌물로 주었다더라, 신권 오만 원 짜리 수백 다발을 땅속에 숨겼다더라, 돈 이야기할 때의 표정들을 보면 얼굴에 혈색이 돈다. 남의 것 앞에서 순간 흑심을 품고 군침을 삼킨다. 주식시장 전광판 앞에서의 사람들은 하나같이 넋이 나간 얼굴들이다.

돈은 스스로 아무 짓도 하지 못한다. 그러나 귀신도 부린다는 말이 나올 정도로 돈의 유력이 대단한데 그 뒤에 사람이 있기 때문이다. 돈에 관한 속담이나 명언들도 보면 돈 자체에 대한 의미보다 돈의 운명은 쓰는 사람 손에 달려있음을 말해주는 것이 더 많다. 돈이 의미 있게 쓰여질 때 돈의 가치는 평가된다.

'쌀독에서 인심 난다'는 말도 쌀독에서 쌀을 퍼 베풀어야 어려운 주변이 밝아지고 더불어 행복해진다는 말이다. 돈이라는 물질의 가치에 정신적 가치가 함께 발현되며 귀하게 쓸 줄 아는 사람이야말로 '된사람'이라고 말할 수 있겠다.

한동안 생활이 무척 곤란한 적 있었다. 어느 날 같이 문학 활동을 하는 언니가 찾아와 나에게 봉투와 선물 꾸러미를 전해주고 가셨다. 봉투에는 사립대학을 다니는 아이의 등록금에 해당하는 큰 액수가 들어 있었다. 그 후로도 언니는 종종 찾아와 나를 위로했고 슬그머니 쌀자루와 봉투를 쥐어주곤 하셨다. 경제적으로 힘들었던 때, 함께 문학을 논하며 시를 쓰던 언니를 생각하면 너무 고마워 눈물이 난다. 혈연이나 친척이 아닌, 다만 인정으로 얽혀있고 문학의 인연으로 선뜻 도움을 주셨던 언니의 속뜻을 헤아려 본다. 이웃에 대해, 더 나아가 세상에 대한 따뜻한 관심이었다. 사람에 대한 측은지심이 자신도 모르게 우러나왔던 것이라 여겨진다. 언니의 그 따뜻한 마음을 떠올리면 어느새 나도 진지해진다.

"세상에서 제일 재미있는 놀이는 창작하는 즐거움"이라 하셨던 말씀을 다시 되짚어본다. 어쩌면 고통과 고독과 고뇌의 맛을 의미하신 말씀은 아닐까? 놀이에 대한 다른 차원의 말씀이었던 것을 이 십여 년이 훨씬 지난 지금에 와서야 고민해 보는 즈음이다. 고통과 고독과 고뇌는 참으로 모골 송연한 언어지만 외롭고 험난한 길을 자처하면서 쓰다, 쓰다, 쓰다 간 작가들이 문학사에는 많이 계신다. 인간이라는 본질이 저런 처절한 언어로부터 왔기에 타인의 고통 위에 나의 고통을 슬쩍 얹어 고독을 좀 감해보려고 고뇌하는 인간의 부끄러운 몸짓을 글로써 드러낸 것이리라. 그 부끄러움을 무릅쓰고 써나갈 때 창작자로서의 진정성이 발현되리라 믿는다.

사라지다에 대한 항의

만약 죽음이라는 블랙홀이 없었다면 포화되어 가는 개체個體를 수용하지 못해 지구는 일찍이 자멸했을 것이다. 만약 인간이라는 종種에게 죽음이라는 절대성이 없었더라면 매일매일의 지리멸렬함을 견디지 못해 자폭하고 말았을 것이다. 만약 죽음이라는 시한폭탄이 없었더라면 종교도, 철학도, 역사도, 예술도 세상을 어지럽히는 쓸모없는 담론만 반복하고 있을 것이다.

육체는 DNA를 남기고 소멸한다. 하여 인간이나 동물이나 종족을 번식하는 데 일생 모든 에너지를 바친다. 육체로 살아있는 동안 어떤 비상식적 욕망을 동원

해서라도 자신의 DNA를 퍼뜨려 왕국으로 번성하기를 욕망한다.

죽음 이후 영혼이니 천국이니 지옥, 해탈이니 하는 논쟁은 종교를 대입한 하나의 관념이라고 나는 생각한다. 종교를 지닌 사람은 종교가 가르치는 방식대로 죽음 이후의 영혼을 기원할 것이다. 영혼에 빗대어 현실을 진단하고 삶의 방향을 설정할 것이다. 영혼이 있다고 절실히 믿으면 영혼이 산 자를 찾아올 것이고 영혼을 부정하면 영혼도 그를 부정할 것이라고 나는 생각한다.

도스토 예프스키의 소설「카라마조프가의 형제들」에서 죽음 이후의 세계를 묘사한 부분이 있다. 살아 있을 때 양파 한 뿌리를 거지에게 준 적 있는 악한 노파를 천사는 한 번의 선행이니 지옥에서 벗어나게 해 주려 했다. 그러나 노파는 천국으로 갈 수 있는 마지막 기회를 놓쳐버린다. 살았을 때의 악습惡習, 타인을 사랑할 줄 몰랐고 배려나 베품, 섬김을 몰랐던 노파는 다시 불지옥으로 떨어졌다고 한다. 이 소설의 한 대목은 우리가 어떻게 살아야 하는가에 대해 다시 고민하게 한다.

'그렇게 살면 죽어서 지옥 간다, 남 아프게 하지 말고 인간으로서 인간답게 살아라'하는 말이 있다. 소설의 한 대목이기는 하지만 인간에게서 내세來世의 염원조차 없다면 존재 자체는 무슨 의미일까를 다시 고민하게 된다. 소설에서는 죽음을 죽음의 편이 아니라 삶의 편이라 이야기하고 있다.

종교가 없더라도 인간은 각자의 방식대로 죽은 자를 기억한다. 제도나 제례의 형식을 통해서 애도하고 함께 살았던 시간을 기억한다. 제례를 통해 효孝를 드러내는 일은 곧 혼魂을 불러들이는 예식이라고 도올 김용옥은 공자를 통해 말했다. 혼魂은 하늘로 가고 육체인 백魄은 땅으로 돌아가 곧 초자연적 존재가 된다고 한다. 혼魂이 효孝를 가르치는 것, 그것이 곧 군자君子의 길이라고 이야기한다.

종교나 철학, 예술을 통해 죽음을 말하고 죽음조차 삶 쪽으로 끌어당겨 이해하고 수용하려는 자세는 죽음에 대한 공포, 두려움 때문이라 한다. 에리히 프롬은 "우리가 소유 양식으로 사는 한 죽음을 두려워한다. 어떤 합리적 설명도 이 두려움을 제거하지 못한다." "공포는 죽음에 관한 것이 아니고 내가 가진 것을 잃어버리는 것에 있다." "내 육체를 잃는 두려움 내 자아自我, 내 재산, 내 주체를 잃어버리는 것에 대한 두려움이며 비주체非主體의 심연을 대해야 하는 두려움, 잃어버려짐에 대한 두려움이다."라고 『소유냐 삶이냐』을 통해 말한다. 아름답고, 사랑스럽고, 소중하고, 탐나는 보물들은 다 제 자리에 있는데 정작 소유의 주체인 나만 없어지기 때문이란다.

나는 여전히 소유하려는 자, 소유하고 싶은 욕망에 시달리는 자이다. 하지만 죽음의 공포를 극복하기 위해 종교를 갖거나 대책을 마련하려 고민하지 않는다. 많은 고서古書, 고전古典 속에서 죽음을 간접 경험한다. "우리가 존재하는 동안은 죽음은 아직 여기에 없으며 죽음이 여기 있을 때는 우리는 이미 존재하지 않는다."라고 말한 디오게네스 라에르티우스의 죽음의 정의는

명료하다. 현재 이 순간 나는 살아있고 앞으로도 잘 살아갈 거라는 이 어리석은 확신은 지금 자신이 삶의 편에 서 있기 때문이다.

어쩌랴, 현자賢者의 고매하고 미려한 말씀을 다 이해하고 즐겁게 수용하였건만 죽음의 고통을 직시하고 말았다. 죽음으로 향해가는 인간의 고통을 지켜보고야 말았다. 지켜보는 고통은 고통보다 더한 고통이었고, 고통스러우니 빨리 숨을 멈추게 하라고, 죽음은 샘물처럼 맑고 죽음은 벌꿀보다 더 향기로우니 죽음을 달라고 호소하는 그의 눈을 쓸어 덮어 줘야 했다.

사라졌다, 죽음이라는 단어를 차마 끌고 올 수 없어 사라졌다 라는 말로 대신했다. <사. 라. 지. 다.- 시야에서 벗어나 보이지 않게 되다> 지금 여기, 내 눈에, 내 옆에 보이지 않는다는 그 자체가 사라진 것이라고 감정이 배제된 사전은 친절하게 대답한다. 그런데, 정말 사라진 것이라면 잠시 후 '짠'하고 나타나는 것 아닌가? 여태껏 그랬던 것처럼? 그렇게 되돌아온다는 전제가 있었을 때 사라지다는 확인되는 것 아닌가?

늙은 고양이도 16년째 그 자리에 있고 냉장고, 의자, 낡은 침대, 에어컨, 화분, 텔레비전도 무슨 벼슬인 듯 버티고 있잖아. 딸, 아들도 나도 아침이면 사라졌다가 저녁이면 제 자리로 돌아오잖아. 사라지다의 반대말인 복병은 있으니, 내 의견에 시시콜콜 반대만 했던 그가 이번에도 멋쩍은 듯 나타나겠지… 시간이 좀 걸리려나? '그래, 오늘은 여기까지만 생각하자.' 사라지다의 집착을 내려놓고 시를 마무리해서 보내야지, 벌써 원고 마감일이 일주일이 지났어, 아냐, 그래도 그렇지 사라지다 라는 말은 모호하고 애매한데….

영영 사라지다, 라고 말해 볼까…. 아침 내내 그의 사진을 바라봤다. 이렇게 오래 그의 얼굴을 바라본 적이 없었는데, 다시 보아도 그의 눈동자는 유리창처럼 맑다. '이봐요, 당신은 벌써 몇 달째 사진 속에만 있네요. 이제 장난은 그만하고 나타나 봐요.' 사진 속의 그는 입꼬리를 오른쪽으로 삐죽하니 비틀고 다른 곳을 보고 있다. '나를 봐요, 나를 똑바로 바라봐요.' 애원했지만 그는 고집스럽게 다른 곳만 본다. 안경 너머 각도의 의미를 나는 안다. 눈이 마주쳤더라면 그도 눈물이 났을 것이다. 서로의 슬픔을 확인하는 일처럼 더 슬픈 것이 있을까. 영원한 작별을 차마 나에게 보여주고 싶지 않았을 것이다.

"죽음에 대한 공포를 제거하려면 소유 양식을 감소시키고 존재 양식을 확대시키려는 노력이 있어야 한다. 현자賢者는 삶에 대해서 생각하지 죽음에 대해서 생각하지 않는다." 스피노자는 어리석은 나에게 죽음을 이해시키려 애쓴다. 그러나 죽음에게 빼앗긴 상실의 고통은 어떤 심오한 종교나 고매한 철학을 대입시켜주어도 치유되지 않는다.

죽음은 죽은 자의 몫이기도 하지만 절반은 남은 가족의 몫이기도 하다. 매일 매일의 일상에서 사람의 빈자리가 확인되는 비애로 심장이 조여든다. 그가 없는데 식탁에 둘러앉아 밥을 먹고, 옷을 사고, 책도 사고,

시를 쓰면서 사람 만나러 돌아다닌다. 그가 없는데 화장실 전구는 나가고 마당의 수도꼭지는 터지고 문고리는 고장나고 내가 해결할 수 없는 일들이 매일 벌어진다. 나를 대신해 언성 높여가며 싸워주던 그가 없다. 담배 냄새가 사라져 깨끗해진 화장실의 청결이 의심스럽기만 하다.

미워하고 원망하면서 주고받던 냉소와 비아냥, 자조와 무관심, 저주를 퍼붓던 오욕의 시간이 사라지고 나니 나도 의욕이 사라졌다. 도대체 그 모진 독기毒氣들은 내 몸 어디서 나왔던 것인지 후회스럽다. 하지만 그러함도 힘이 되어 나를 펄펄 살아나게 했건만 그가 사라지니 매사 불안하고 초조해서 눈치 보고 주변을 살피며 나는 점점 소심해져 간다.

지난 추석 명절에 그의 DNA를 물려받은 아들과 딸을 앞세우고 그의 묘墓를 다녀왔다. 한 번은 사라진 사람에 대한 경외로, 또 한 번은 죽음에 대한 경외로 두 번의 절을 올렸다. 잘 자란 잔디를 쓰다듬고 돌비석도 쓰다듬으면서 중얼중얼 고告한다. “야속한 고집불통 영감아! 미안하다. 미안하다. 당신이 그렇게 좋아하던 아이들하고 잘살아볼게.” 나의 고告함에 다 큰 자식들은 딴 곳을 본다. 희한하게 아들은 모습이며 포즈며 어투며 성격 습관마저 제 아버지를 닮았다.

죽음이라는 집요한 두려움은 지금 내 손이 닿지 않는 곳에 있지만 여전히 나를 두렵게 한다. 그는 이제 두 번 다시 내 앞에 모습을 드러내지 않는다는 것이다. 그가 사라진 자리, 새파란 풀들이 자라고 있었다.

우두망찰을 깨고 나와

몇 년 전 채송화 가지 하나를 얻어와 심었다. 금방 부러질 듯한 여린 가지에 지주목을 대어주고 계란껍질을 잘게 부수어 뿌려 주었다. 이 가지 하나에서 희한하게 꽃이 피었고 씨앗을 떨구더니 몇 해 지나 작은 채송화 꽃밭이 되었다. 얼마만큼 작으냐 하면 사방 네 뼘 정도의 크기이다. 여름 내내 꽃밭에서는 엄지발톱만한 채송화가 셀 수없이 많이 피고 또 피어, 나는 그만 그 꽃들에게 사로잡히고 말았다.

황금빛 고운 꽃밭에 앉아 밀린 숙제를 하듯, 벌을 서듯 오래 지켜보며 여름 무더위를 살았다. 잘못한 것도,

잘못 산 것도 없는데 반성문을 쓰는 인간의 자세로 아침이면 조리개로 물을 주었다.

지켜본다는 것, 강팍한 마음과 종종거리는 시간과 반투명 영혼이 홀렸다는 것, 올이 풀려나가듯 내 몸이 슬슬 풀어져 엄지발톱만 한 꽃 속으로 스며드는 느낌이었다. 속도도, 소리의 강약도, 촉감도, 몸의 통증도 없이 그렇게 편안하게 내 몸이 꽃에게로 스르르 건너가는 것이었다. 나는 시 쓰는 자로서 행복하고자 한다. 내 몸이 아름다움 쪽으로 기울어 꽃과 하나 되는 환희를 오래 느껴보고자 한다.

십여 년을 지켜보는 이가 또 하나가 있다. 2016년 프랑스 칼레의 난민촌을 떠나야 하는 에티오피아 출신 난민 청년의 사진이다. 어느 신문에서 오려 놓았는데 책상 위에 청년을 올려놓고 자주 지켜본다. 반쯤 벌어진 두툼한 입술 사이 새하얀 이가 가지런해서 청년인 것은 확실 하나 검은 얼굴은 먼지와 땀과 땟자국으로 범벅이었고 눈물이 흐르는 뺨 주위로는 골이 패여 있다. 숱 많은 머리카락과 눈썹만으로도 청년은 기백과 기골이 장대할 것 같은데 난민 신세가 된 몰골이라니 내 의지도 함께 꺾인 듯 점점 참담해지곤 했다. 그런데 그의 눈, 눈빛은 사람의 것이 아닌 것 같다. 튀어나올 듯 도드라진 검은 눈동자에 핏빛으로 번들거리는 흰자위, 검음과 흼과 붉음의 부조화가 어디에서 왔는지 예감은 됐지만 그 어렴풋함은 지극히 상식적인 것이다. 핏빛 분노와 한정 없는 두려움과 포기되지 않는 체념을 뿜어내는 청년의 눈동자를 나도 헝클어진 마음으로 바라봐야 했다. 내몰린 자, 권리를 빼앗긴 자의 눈빛에서는 지향점을 찾을 수 없었다.

사람은 사람을 어디까지 이해하고 고통까지 공감할 수 있을까? 시를 쓰다가 말이 막히고 더 이상 덧댈 의미가 떠오르지 않아 전전긍긍한다. 난민이 되어 다른 나라로 떠밀렸다가 다시 쫓겨나는 사람의 처지를 침묵으로 표현할 수 밖에 없음에 나는 시 쓰는 자로서 괴로워하려 한다. 그 공감할 수 없는 고통의 근처에서 처절한 슬픔이 전이 되도록 오래 들여다본다.

나는 올해 대학생이 되어버렸다. 경로대학이 아니고 방송통신대학교 국어국문학과 신입생이 되어버린 것이다. '허, 참 이런 어처구니없는 일이 다 있나, 허, 참 늙어가는 나이에 무슨 부귀영화를 보려고 인생의 반란을 일으켰나' '시집을 3권이나 냈으면 됐지, 문학상도 3번이나 받았으면 됐지,' 무슨 억하심정으로 걸맞지 않은 일을 저질렀나 싶어 속으로 참 난감했다. 하지만 겉으로는 엄살과 자랑과 너스레를 떨었다. 주변의 글 친구들은 이제 좀 자유롭고 편안해질 시기에 뭐하러? 했지만 '그래, 나도 제도권의 맛 좀 보자'로 응수했다. 나는 무엇인가 되려는 의지가 없었고 되고 싶은 욕망도 없던 사람이다. 그럼에도 어느덧 등단 20년 차 시인이다. 나의 이 이율배반적 행위에 대해 뭐라고 해명해야 했으나 나는 여태 나를 방기하고 있었다.

진실을 마주할 자신이 없어서인지 나의 시에는 왜곡이 난무한다. 지극히 보편적인 것들을 개인의 특수한 것으로 뒤집어 놓으려는 의도가 숨어있다. 끌려가지 않고 끌고 가려는 의도, 주체적 욕망이라고 본다.

시적 대상에 대한 나만의 표현 양식이라고 우긴다. 착각과 착오, 착란과 착시는 나의 시 쓰기의 한 방식이다. 불안, 불편, 어두움, 두려움을 대처하는 방식이며 그러한 일상을 새로움으로 반짝반짝 빛나게 닦아주려는 시도이다.

청소년 노동자 시절을 10여 편의 시로 축약해 놓고 보니 솔직히 남부끄럽고 창피스러웠다. 그것보다 나의 전생을 들여다보는 것 같아 말할 수 없이 스산했다. 그러나 어쩔래? 나는 시인이다. 시가 상상이라는 명분으로 왜곡으로만 점층될 수는 없지 않은가? 시를 쓰는 사람의 내면이 이리 어둡고 비틀려 있어서야 무슨 좋은 시가 나오겠나 자책했다. 가난하고 외롭고 힘든 삶이란 어느 시대에나 있었고 지금도 그렇다. 청소년 노동자 시절이 개인적 사건, 사태를 벗어나 사회성, 역사성, 문학성으로 승화시킬 수 있어야 했다. 그것이 내가 타자화되는 과정이며 시도 따라서 객관화, 보편화되는 길이라고 나를 설득시켰다. 여기까지 오는 동안 갈등의 시간은 너무 길었다. 나선 김에 꽃구경도 하고 간다는 말이 있다. 3시집『나무 되기 연습』을 출간한 후 고입검정고시와 대입 검정고시를 치루었고 서둘러 방송통신대학교를 입학했다. 잠에선 듯 꿈에선 듯 깨어보니 내 나이가, 시간이 나를 막 쫓아 오는 것 아니겠는가. 고맙게도 그동안 꾸준히 글을 쓰고 책을 읽어 왔으니 문해력, 독해력에는 큰 어려움이 없어 그럭저럭 공부 재미가 있다.

고려의 시인 김극기는 시로 인한 자신의 번민을 이야기했다. 나이 50이 되어도 이룬 일이 없고 도성 밖 변방을 다녔어도 돌아갈 길에 남은 것은 '이 몸뿐'이어서 처량하기 그지 없다고 했다. 하지만 시인은 숲속의 새도 들판의 꽃도 그냥 지나치지 못한다. 시를 짓고 싶은 마음을 억누를 수 없는 처지라 아무리 처량한 신세라 할지라도 가는 곳마다 시흥詩興이 일어 발을 떼지 못한 것이다. 시로 인해 가난했으나 시 덕분에 아름다운 시를 남겼다.

시시각각, 철철이 아름다움을 보여주는 창문은 굴곡을 모르는 인생 같아 나는 명랑해진다. 갖가지 새들, 벌레들, 식물을 지켜보면서 자연에 동화되고 나를 자연화 시키는 유일한 통로이다. 나는 서서히 조금씩 시인이 되어가는 중이다. 얼추 시인이네 라는 말까지 들을 수 있다면 나여, 고맙겠다.

4부

반려伴侶와 반려返戾

저녁 산책길 마을 게시판에서 한 문구와 마주쳤다. 동물보호단체에서 붙여 놓은 듯한 한 글귀 앞에서 발길을 멈추었다. 길거리 무수한 잡동사니 속에서 신비로운 무엇을 발견한 듯 내 가슴을 떨리게 하는 짧고 강렬한 문구였다.

"반려동물 사지 말고 입양합시다."

불경佛經에 나온 말씀일까? 사람에게도 이토록 따뜻하고 갸륵한 마음이 있다는 것을 깨달은 저녁은 한없이 흐뭇하고 행복한 시간이었다.

옛날부터 추운 겨울이면 소는 부엌 식구였고 개, 닭들도 아무렇지 않게 부엌 문턱을 넘나들며 사람과 같이 음식을 나눠 먹으며 살아왔다. 그리고 시대가 변하고 의미도 새로워져 동물과 사람의 관계는 가축이나 애완의 의미를 넘어 이제는 반려, 입양이라 표현할 만큼 가족으로 개념화되어 있다. 동물도 사람의 행복한 삶에 절대적으로 영향을 미치는 존재라고 말할 수 있다.

반려, 입양이란 언어 속에는 이미 '더불어 살기'라는 의미가 내포되어 있다. '무소의 뿔처럼 혼자서 가라'하는 부처의 말씀도 찬찬히 들여다보면 사람은 혼자가 아닌 누군가와 함께, 더불어 살고 있다는 전제가 내포되어 있음을 알 수 있다.

우리집 고양이 페코는 어릴 적 중성화 수술을 시켜 집안에서만 키워졌다. 이제 문을 열어 놓아도 밖으로 나갈 줄 모른다. 현관 밖으로 고개만 쭉 내밀어 보다가 작은 소리에도 화들짝 놀라 방안으로 뛰어 들어오곤 한다. 야성이 사라진 고양이 페코는 집안 이곳저곳만을 어슬렁대는 겁쟁이가 되었다. 새끼 때부터 사람의 손에 길러졌는지라 스스로 살아가는 방법을 배우지 못했고 이제 애처롭게 늙어간다.

생산능력과 야생의 본능이 거세되어버린 고양이 페코에게 나는 미안해하거나 죄의식을 가진 적이 별로 없었다. 하지만 이제 사람에게 의지하여 늙어가는 고양이 앞에 생각이 많아져 간다. 털도 점점 더 빠져가고 구부정한 노인처럼 체형도 변했다. 이가 아파서인지 사료도 제대로 씹어 삼키지 못하고 방향감각을 잃었는지 여기저기 부딪히곤 한다.

한때 사랑을 받았지만 싫증난 장난감처럼 아무렇지 않게 버려지는 동물이 사회 문제로 거론되고 있다. 생명도 물질화되는 삭막한 현실을 본다. 어떠한 명분과 이유로도 합리화될 수 없는 야만적, 비인격적 행위라고 밖에 볼 수 없다. 미래 발전이라는 명분, 대다수를 위한 명분, 편리함을 위한 명분들 속에는 동물에 대한 배려가 없다. 나와 다른 것, 나보다 약한 것을 보호하려는 의지도 없다.

환경은 사람이 살기 편리하도록 바뀌어 간다. 도시의 골목도 시멘트 포장이 되어 흙 한 줌 밟을 수 없다. 산은 산대로 강은 강대로 사람 중심으로 형질이 바뀌었다. 동물이 살아갈 공간이 점점 사라지는 중이다. 산은 정상에까지 아스팔트가 깔려있고 콘크리트 강은 넓은 수로가 되어 밋밋해졌다. 수생식물이나 어패류, 갑각류 등이 줄어들거나 멸종되어 간다. 사람 중심으로 환경이 바뀌어버린 곳에서 동식물의 개체수는 급격히 줄어들었다. 공룡 멸종 이래 가장 많은 생물이 이 시대에 죽어가고 있다고 세계에서 심각성을 외치고 있다.

길고양이가 새끼 네 마리를 뒤뜰에 낳았다. 지난봄에는 두 마리를 낳았는데 비가 억수같이 오는 날 한 마리가 죽어 산에 묻어 주었다. 내 집에서 생명이 어찌될까 노심초사이다. 새끼를 낳더니 어미가 사나워져 먹이도 물도 살짝 가져다 놔 준다. 다행히 새끼들은 바람에 떨어진 잎사귀들을 장난감 삼아 잘 뛰놀고 있다. 저 어린 것들이 조금 더 자라면 험난한 자연으로 걸어가리라.

"한 나라의 위대함과 도덕성은 동물을 다루는 태도로 판단할 수 있다. 나약한 동물일수록 인간의 잔인함으로부터 철저히 보호되어야만 한다." 이는 마하트마 간디의 말이다. 인간에게 버려진 동물은 동물의 문제가 아니라 이 사회, 사람의 문제이다. 생명을 대하는 인간의 태도 문제이다. 자신보다 약한 것을 어떻게 대하는가에 따라 그 사회의 가치관과 윤리는 형성된다.

또 독일 철학자 칸트는 가치의 정의를 이렇게 구분했다. "감각의 가치, 이성의 가치, 생명의 가치, 종교의 가치" 그 중 최고의 가치는 생명의 가치라고 정의했다. 결국 뭇 생명을 배려해야 하는 문제와 닿아있다. 생명의 차원에서 보면 동식물과 사람은 동등하다. 지배적, 피지배적 구조가 아닌 수평 관계인 것이다. 동물을 가족처럼 여길 때 냉정한 현실은 다시 핏기가 돌지 않을까 기대한다. 동물이 살아갈 공간을 다 빼앗고 훼손시킨 인간의 폭력에 대해 더 깊은 반성의 메시지가 울려 퍼져야 한다.

다른 종과의 정신적 교감과 지속된 사랑은 생명이

얼마나 신비로운 무한한 것인가를 알게 한다. 쓰다듬고 어루만지다 보면 오히려 현실에 피폐해진 우리의 내면이 새싹 돋듯 순하고 부드럽게 되살아날 것이다.

불편하게 살기

2023년 7월 25일 기후운동가 그레타 툰베리가 경찰 명령 불복종 혐의로 벌금을 선고받고 나왔으나, 다시 스웨덴 석유 시설 입구를 막고 시위한다는 혐의로 경찰에 연행되는 뉴스가 떴다. 건장한 경찰 두 명이 작은 소녀의 양 팔을 뒤로 돌려서 마치 무슨 물건처럼 번쩍 들고 나오는 사진도 함께 게재되어 있다. 사진으로만 봐도 강압적이고 폭력적인데 그럼에도 소녀의 눈빛과 입매는 당당하다. 저 작은 여자아이에게 지구의 위기 문제를 다 떠넘기는 것 같아 미안하고 안타까웠다. 또한 어른인 나는 현재의 기후 위기의 해결을 위해 어떤 실천을 하면서 살고 있는가를 반문해 보았다.

그레타 툰베리의 인터넷 기사에 한글로 올라온 댓글을 읽어 보았다. "기후 이야기는 기만적 행위이다. 속임수다." "우리를 다시 구석기시대로 돌아가라는 말이냐, 관종이다." "거지로 살기 싫다." "상술이다." 등 차마 읽을 수 없는 부끄러운 댓글들이 튀어나왔다. 기후에 대한 사람들의 인식이 이 정도인가를 생각하니 어이없고 기가 찰 노릇이다. 열렬히 응원한다는 댓글도 있었지만 이렇게 극단으로 생각이 갈려지다니 그 원인이 무엇일까 고민스러웠다. 진실을 왜곡하고 기만하는 가벼움에 익숙해져 있어서일까, 아니면 어떤 경우에도 나만 살아있으면 다행이지 하는 이기심, 요행심에서일까. 그래봤자 소용없는 세상이니 다 함께 죽어버리면 그만이지 하는 집단의 절망적 인식일까. 인간의 이성도 분열되어 균형이 깨어지는 이 상황이 더 큰 위기로 다가와 입을 뗄 수 없다.

문명의 발전이라는 거대하고 탐욕스러운 명제 앞에 용기를 내어 반기를 들어야겠다. 시민 모두가 그레타 툰베리가 되어 세계 곳곳에 외쳐야 한다. 지구 자생을 위한 협상 테이블로 가기 위해 비행기, 선박, 자동차를 줄이고 걸어 다닐 각오를 해야 한다. 불야성을 이루는 도시의 불빛을 오늘 당장 줄여야 하고 고층 아파트에서 당장 내려와 엘리베이터를 멈추게 해야 한다. 국가는 부와 권력만을 위한 정치적 담론은 당장 청산해야 하고 더 많이 생산해서 더 많이 소비하는, 소비를 부추기는 사회에 대한 반성이 시급하다. 기술 산업 시스템도 당장 바뀌어야 한다.

좀 더 불편하게 살 줄 알아야 하고 우주 만물의 모든 것에게 경외감을 가져야 한다. 지구에는 인간뿐 아니라 각종의 생명체들이 공존하고 있음을 뼈저리게 깨달아 생명들의 보호받을 권리를 골고루 배려할 줄 알아야 한다. 지금보다 좀 더 가난하게 살아도 괜찮다. 이미 우리 몸이 기계 사회의 부품처럼 되어있음에 고뇌해야 한다. 지금 일어나고 있는 기후 위기에 어떤 모습으로 살고 있는가를 성찰해야 한다. 세계 전 국가가 나서서 한 달에 한 번 아니 일주일에 한 번이라도 이산

화탄소를 배출하는 시스템을 멈추는 실천이 있어야 한다. 이행을 잘하는 나라, 기업, 개인에게, 훌륭한 지구인 상 인증마크를 달아주어 본보기 삼아야 한다.

인간은 지혜롭고 건강한 종種이다. 함께 행복해질 수 있는 놀이를 각자 찾아야 한다. 행복은 아주 작고 사소한 것에서 얼마나 큰 가치를 발견하느냐에 있다. 요즘처럼 소비를 부추기는 물질 시대에 소박한 삶의 방식이 중요하다. 늘푼수 없는 지리멸렬한 생각이라 할지 모르지만 그렇게 살아야 행복한 삶을 위한 철학이 스스로에게서 만들어진다. 인간이라는 소우주와 지구라는 행성의 궤도를 맞춰가려면 삶의 패러다임을 다시 찾아야겠다. 국가는 자본주의의 거대 욕망을 내려놓고 교육은 공공의 가치를 가르치고 지구 생태에 맞는 인성으로, 미래세대들로 키워야 한다. 종교도, 학문도, 철학도 다른 종과의 연대가 지구에게 어떤 영향을 미치는지 새로운 학설을 펼칠 수 있어야 한다.

나는 대여섯 살쯤 되어 보이는 사내아이와 그 아이 엄마와 나무 의자에 나란히 앉아 버스를 기다렸다. 아이 엄마가 핸드폰 통화를 하는 사이 아이는 바닥에서 무언가를 주워들었다. 보도 블럭 틈에 낀 콩알만 한 벌레 한 마리였다. 아이는 까맣고 작은 것을 손바닥에 올려놓고 들여다본다. 신기하다는 듯 손바닥을 쥐었다 펼치기도 한다. "엄마, 동그라미 벌레야." "응 공벌레라고 해" "콩벌레?" "아니 공벌레" 아이의 물음에 엄마는 찬찬히 답을 해준다. "엄마, 그런데 공벌레는 발이 없어? 안 움직이네" "응 벌레가 놀랬나봐, 저기 풀에 놓아주고 와, 흙으로 돌아가서 엄마 아빠와 잘 살아라 말해주고."

2023년 7월 3일, 지구가 역사상 가장 뜨거운 날로 기록된 날에 엿들은 짧고 소소한 이야기였지만 참, 따뜻하고 가슴 뭉클한 장면이었다. 아이가 길바닥에서 무엇이든 주워 들면 "더럽다. 병 걸린다. 손 닦아라." 할 터인데 작은 생명체에게 보여주는 엄마의 자세에서 아이의 미래를 읽었다. 나아가 개개인의 변화, 그 사려 깊은 행동으로 인류와 지구가 평화롭게 공존하는 미래가 되었으면 하는 간절한 바람이다.

고유 영역

지하 주차장 한 귀퉁이에서 커다란 사마귀를 만났다. 언제부터 콘크리트 벽 사이를 헤매고 있었는지 그래도 녀석은 용케 살아 앞발을 들어 나에게 경계 태세를 보이는 것이다. 아니, 어떻게 아파트 지하 주차장까지 들어온 것일까. 놀랍고 신기했지만 이내, 걱정이 앞섰다. 텃밭을 일구는 사람의 차에 실려 온 푸성귀에서 툭 빠져나온 것일까, 아니 어쩌면 풀냄새를 따라 큰 발로 성큼성큼 걷다 자신도 모르게 들어온 것일지 모른다. 거대한 아파트 단지가 들어서기 전 여기는 산자락의 끝이었기는 하지만 그건 벌써 십수 년 전의 일이다.

복잡하고 침침한 지하 주차장을 빠져나갈 비상구를 찾을 것 같지도 않고 자칫 차바퀴에 깔리는 것도 순식간일 것이다. 밖으로 내보내 주고 싶은데 뾰족한 방법도 떠오르지 않고 그렇다고 그냥 두고 돌아서자니 발길이 떨어지지 않았다. 무심한 내 눈에 띄어 참, 난감했지만 내보내줄 방법을 잠시 연구해 보았다.

가방을 뒤져 손수건을 꺼냈다. 침착하게 사마귀에게 다가가 손수건으로 살며시 덮어씌웠다. 놀라 꿈지럭거리는 녀석이 도망가지 못하도록 손수건을 슬며시 쥐고 지하 주차장을 빠져나왔다. 조심스러움에 제법 시간이 걸렸지만 그래도 포획할 수 있어 다행이었다.

아파트 건물과 제법 떨어진 풀밭에 녀석을 놓아주었더니 잠시 주춤주춤하다 풀 속으로 걸어들어간다. 긴 발을 들어 조심조심 풀밭을 걷는 녀석의 의젓해 보이는 품새가 군자君子 같았다. 곤충이건, 짐승이건, 사람이건 겉에 드러난 자세가 있을 것이니 사마귀도 사마귀만의 특징과 본능이 있을 것이다. 사마귀를 다르게 표현한 '당랑거철螳螂拒轍'이란 말과 '버마재비'란 말이 있다. '당랑거철'은 자기 분수를 모르고 큰 힘을 가진 상대에게 덤비는 무모함을 꼬집어 하는 말이라고 한다. 또한 자기를 압도하는 상대에게 덤빌 정도로 용맹함을 존경하는 말로 쓰인다고 한다. 그러니 사마귀가 지하 주차장으로 쳐들어간 이유에 대하여 곰곰이 생각해 볼 필요가 있다는 것이다. '버마재비'라는 말은 메뚜기목 사마귓과에 속하는 곤충을 일컫는 말로 '범의 아재비'라는 의미가 있단다. 범도 무서운 짐승인데 범의 아재비라면 범 중에도 제법 무서운 존재 아니겠는가. 자기 목숨을 유지하며 살아가는 방식을 터득할 터이니 사마귀도 지하 주차장에 갇혀있던 시간을 반면교사 삼아 장수하기를 빌어주었다.

사마귀의 DNA에도 종족 보존을 위한 고유성이 있을 것이다. 교미 중 수컷을 잡아먹는다는 암컷의 행위도 종족 보존을 위한 한 형태임을 보여주는 것이리라. 강인한 턱을 가진 사마귀가 잠자리나 메뚜기 등 다른 곤충을 잡아먹을 때의 모습은 식탐에 빠진 폭식가 같다. 들판의 하이에나처럼 어찌나 깨끗이 먹어 치우는지 밉살스러워 보인다. 생존의 터가 인간의 손에 의해 거대한 콘크리트 더미로 변해버렸으니 먹성 좋은 사마귀가 분노하지 않겠는가? 먹이사슬이 끊겨버린 자연에서는 살아남을 종이 없다.

"내 땅 내놔라, 내 먹잇감 내놔라." 거인 골리앗이라도 되는 양 앞발을 치켜들고 지축을 울리며 쳐들어오는 사마귀의 기세는 위협적이다. 종이 다른 인간이 보더라도 만만치 않다.

모든 존재는 생존을 위한 고유 영역이 있다. 곤충에게는 초지가 터전이고 짐승에게는 밀림이 터전이다. 영역을 벗어나면 목숨이 위태로워지는 것을 동물들도 안다. 또한 사람은 사람과의 관계 속에 있다. 서로에게 조심하고 자신의 행위를 되묻고 서로 배려하고 측은지심으로 서로를 보듬어야 한다.

소수 사회이든 나라이든 상대방의 영역을 존중할 때 평화가 유지된다. 평화유지의 근본적인 자세는 종이

다른 생명체들 간의 연대에서부터라고 말하고 싶다. 인간이라면 자연의 언어에 귀기울일 줄 알아야 하고 작은 곤충의 언어라도 알아들으려 애쓰는 노력이 필요하다. 곤충은 자연 생태계에서 어떤 존재로 살아가는지 배우려는 자세가 인간에게 필요하다. 작은 곤충의 생명을 보호해야 인간이라는 미래도 희망적이라 말할 수 있다.

부산의 대저, 엄궁, 장락 3개의 대교 공사를 중지하라는 성명서가 환경보호단체 <습지와 새들의 친구>의 기자회견 내용으로 올라왔다. 낙동강 하구는 야생동식물들의 서식지이다. 부산시가 환경영향평가서에 법정 보호종인 대모잠자리의 서식 실태를 누락 시켜가며 공사를 강행하려는 것에 문제점을 지적하고 항의한다. 인간 종의 고유 영역은 어디까지일까 묻고 싶다. 인간이 스스로 인간됨의 방향으로 가기 위한 실천으로 대모잠자리의 고유 영역을 지켜주자는 명제命題를 우리 사회에 호소했다. 그들의 목소리에 정신이 번쩍 든다. 참 고맙고 놀라운 일이다.

기후 위기의 지구에서

영화의 전당에서 열린 <하나뿐인 지구 영상제>에 참여하면서 2025년 무더위를 보냈다. "기후를 바꾸려 하지 말고, 체제를 바꿔라."를 제시해 주었다. 그 첫 번째 대안으로 우리 사회의 경제 구조가 전반적으로 바뀌어야 한다고 한다. 열심히 일하고 많이 저축, 투자하여 부를 축척하고 좋은 집, 많은 소비, 최고 학벌이 인생 최고의 가치라는 일상의 인식을 바꾸어야 환경 위기에서 살아남을 것이라고 예고한다. '고물가 시대에 어쩔 수 없이 빈곤자로 사는 처지가 된다면 그 서글픔을 어찌하나' '공장의 생산품은 누가 만들고 해외여행을 위한 적금은 어쩌란 말이냐' 하나에서 열까지 심각해지기 시작했다. 환경파괴의 주범이 인간이며 곧 엄청난 재앙이 닥칠거라는 경고 앞에 나의 사소하고 쪼잔하고 옹졸한 고민이 부끄럽다. 그러고 보니 올여름 무더위에 노동자, 노인의 사망, 사고 소식이 너무 많았으니 나도 매사가 조심스러워진다.

노동의 체제를 바꾸어 일주일의 노동을 40시간 이하로 줄이라 하고 5일의 노동을 4일 이하로 줄이라 한다. 느릿느릿 일하고, 적게 일하고, 충분히 쉬고, 충분히 자고, 많이 놀면서, 인생을 설계하기를 권한다.

누구하고, 어떻게, 뭘 하며 놀까를 생각하며 살아야 한다니 참 행복한 궁리이다. 생각과 삶의 방식이 비슷한 이웃들과 공동체 마을을 만들 것을 권하고 그 속에서 자연과 더불어 살아가는 것을 실천하기를 권한다. 어린 자녀들은 부모와 함께 대화하고 토론하고 동식물들을 키우며 생명이 어떻게 성장하는지 관찰하는 놀이를 권한다. 소비로 충족된 삶의 구조를 내려놓고 책 읽기와 글쓰기 체험을 통해 생명이라는 실체, 그 존재를 확인하라 한다.

지구가 왜 이리 난동을 부리는 것이냐고 사람들이 불만을 터뜨린다. 폭염과 홍수, 지진, 한여름의 우박, 점점 거대해지는 태풍, 토네이도 등등의 기후 이상 현상이 최근 지구 곳곳에서 벌어지고 있다. 심심찮게 벌어지는 이 돌발 상황은 무엇일까? 지구가 이제부터 거꾸로 돌아버리겠다는 선언이라도 한 것일까? 엉뚱한 상상도 해본다.

한여름, 몇 날 며칠 산불이 타올라 국가를 탈출하려는 주민과 관광객으로 전쟁터를 방불케 하는 공항 광경이 뉴스에 떴다. 알래스카, 북극, 그린란드 등에서는 몇십만 년 된 빙하가 녹아내리고 그로 인해 해수면이 올라가고 있단다. 이제 지구의 기후 이상 현상을 막아내기 늦었다는 과학자들의 단호함이 위협적으로 다가온다.

오늘의 불볕 온도를 감지하려고 수시로 하늘을 올려다보는 불안한 여름을 살고 있다. 우리 집을 포함한 주변의 오래된 주택들은 벽돌 한 장으로 외부와 내부가 나뉘어 있어 더위와 추위에는 견디는 것 외에 별도리가 없다. 지난해 여름 폭우에는 하수구가 역류해 마당까지 물이 차올랐고 옥상 배수 시설이 낡아 집안까지 빗물이 밀고 들어와 난리를 치루었다. 태풍 6호 '카눈'이 우리나라를 지나갈 것인지에 대한 예측을 기상청에서 보도했다. 이렇듯 태풍이 지나간다는 소식에도 불안이 앞서는 것은 그만큼 주택이라는 구조는 기후에 취약하기 때문이다.

대략 45억 년 된 지구에 현생 인류가 등장해 살아온 지 20만 년이 지나 현시점에 놓여 있다고 한다. 45억 살의 지구가 20만 살의 인류를 감당하려고 균열하는 중이다. 지구의 역사를 가치로 평가한다면 얼마가 될까? 그 가치의 무게를 계산하기 위하여 인류는 나름 애를 써왔다. 지구 지형의 변천사에 대해 과학자, 고고학자, 지질학자 등의 연구자들이 갖가지 데이터를 다 작동시켜 지구의 값을 밝히는 데 심혈을 기울였다. 육지와 바다는 어떻게 변화했고 빙하는 또 언제부터 형성되어 오늘에 이르렀고 온대, 난대, 냉대, 빙하기로의 흐름으로 인해 인류 문명사도 바뀌어왔다는 연구 결과를 내놓았다.

인류의 역사적 가치에 대해 어떻게 평가하고 있을까? 인류 변천사의 연구, 고증, 자료는 어느 나라에서나 차고도 넘친다. 일일이 열거할 수 없다. 유럽은 유럽대로 아메리카는 아메리카대로 자신들의 문명이 인류사의 발전에 큰 기여를 했다고 힘주어 말한다.

영리한 인간에게도 되돌릴 수 없는 오류가 있다. 우리를 살아가게 하는 지구와 어떻게 관계 맺고 살아야 할 것인가 하는 문제는 제대로 고민하지 않았다. 오늘날의 기후 위기는 지구와 인간의 관계 형성이 점점 잘못된 방향으로 가고 있기 때문에 벌어지는 상황이라고 말한다. 지구가 갑자기 인류에게 왜 이리 가혹할까? 힐난할 문제가 아니라는 것이다.

그렇다면 우리가 지구에게 무슨 짓을 한 것일까? 18세기 산업화 이후 이산화탄소 배출은 폭발적으로 늘어나고 있다. 인간의 문명은 급속도로 가속화되어 21세기 지금에 와서는 속도를 제어할 수 없는 속수무책의 단계에 놓여 있다.

목소리, 목소리들

영화 한 편을 보고 늦은 밤 동네 골목으로 들어서는데 나보다 훨씬 큰 그림자가 앞서 걸어간다. 그림자는 형태만 있을 뿐 속은 검게 텅 비어있다. 머리, 어깨, 가슴, 팔, 다리도 풍선처럼 부풀려진 채 텅텅 비어 있다. 내면 없이도 용케 걸어가고 있다. 휘청이는 검은 물체에 놀랐는지 고양이 한 마리가 후다닥 달아난다. 뱀처럼 기다란 골목을 길게 호흡을 내뿜으며 걸어가다 가로등이 환한 대문 앞에 선다.

레베카 즐로토브스키 감독의 프랑스 영화 <그랜드 센트럴>이다. 찌그러진 중고차라도 사서 청춘을 불지르고 싶은 가난한 청년 갸리는 좀 더 많은 보수를 받고 싶어 원자력 발전소에 입사한다. 발전소의 빈틈없어 보이는 설계와 백색 공간의 눈부심과 깨끗한 작업 환경에 청년은 호기심과 포부로 들뜨기 시작했다. 하지만 발전소라는 거대한 시스템 앞에 환호하던 혈기 왕성한 젊음은 극도의 불안으로 변해간다. 단 한 번의 작은 실수도 용납하지 않는 발전소에서 갸리는 자신은 물론 동료들의 목숨을 위협하는 위험천만한 순간들과 마주하게 된다. 거듭되는 불안감을 피해 보려고 방사능 측정계를 빼놓고 작업장에 들어가곤 한다. 동료들은 하나, 둘씩 사라져가고 젊은 여자들은 불임이 되어간다. 원자력 발전소에서 일하는 카롤이라는 여자를 만나 사랑을 하고 미래를 약속한다. 하지만 발전소의 아름다운 은빛 돔에서 방사능이 누출되었다는 사이렌이 시시때때로 울려 퍼진다. 사이렌은 지구의 종말을 알리는 공포처럼 절망으로 다가왔다. 위험에 시달리는 젊은이의 나날에는 사랑에서조차 희망이 보이지 않는다.

부산도 고리 원자력발전소를 이웃에 두고 있다. 노후된 고리 2호기 수명 연장 심사를 중단해야 한다는 1만 명 서명운동에 동참했다. 곧 대통령실 앞에서 기자회견을 할 예정이란다. 고리 2호기를 시작으로 부산, 울산, 영광, 경주, 울진 등의 노후 원자력도 수명 연장에 들어간다는 신호이기도 하다.

발전소 부근 주민들의 암 발생 빈도가 높아졌고 발병 요인이 원자력과 무관하지 않다는 뉴스가 공식적으로 보도되었다. 그러나 사람들은 크게 동요하지 않는 것 같다. 원자력으로 인해 생명이 파괴되고 있는 심각한 문제에 어떠한 대안과 대책도 제시하고 있지 않다. 오히려 원전을 더 지어야 한다는 음모가 떠돌고 있다.

체르노빌, 후쿠시마 원전 사고 후 재앙이 드러나고 있다. 희귀병으로 사망률이 늘어나고 사람과 동식물들이 기형으로 태어난다. 사고 현장의 몇십 킬로는 출입이 통제된 암흑의 땅이 되었다. 앞으로 몇백 년은 그 땅에서 자라는 풀 한 포기도 만질 수 없다고 경고한다. 방사능물질은 바람과 물, 동식물과 공기를 통해 온 지구를 떠돌고 있어 어느 나라에서도 방심할 수 없는 위급한 지경에 와 있다.

2023년 8월 24일 일본이 후쿠시마 원자력 방사능 오염수를 바다에 방류하기 시작했다. 이에 분노한 부산의 환경보호 단체들은 방사능 오염수의 위험을 시민들에게 알리기 위해 성명서를 발표했다. 해운대 바다에 모여 오염수로 인해 바다 생물이 오염되고 그 생물을 식량으로 삼는 인간도 절대 안전할 수 없다는 위급함을 외쳤다.

명태나 고등어, 갈치, 미역, 다시마, 소금 등 우리나라 동해에서 잡히는 흔한 토종 해산물이지만 이제 어느 것 하나 마음 놓고 먹을 수 없을 지경으로 불안하다. 일본 후쿠시마 방사능 오염수가 우리 식탁까지 침범했다. 이제 의식주 어느 것 하나 방사능에서 자유로울 수 없어 심각하다. 원전을 머리맡에 둔 우리의 매일은 생명을 담보로 벌이는 도박장과 같다. 마지막 한판이면 '불행 아웃'이라는 헛된 희망에 치명적 중독 상태에 놓여 있다.

거대한 시스템 앞에 주눅이 든다. 자본의 논리가 모든 것을 지배하는 시대에 자본이 최고, 최선이라 자랑한다. 부자와 빈자를 구분하고 부자를 위하여 가난한 자를 생산한다. 빈자는 사회적 약자로 전락한다. 타인의 생명을 담보로 해서라도 많은 이익을 남기려는 모순을 낳는다. 여론은 조작되고 삶은 프로그램화되어 부와 권력의 에스컬레이터에 편승된다.

약자는 이단아가 되어 홀로서기라는 외로움을 견뎌야 한다. 종종 여론을 호도하여 이익을 챙기는 집단도 생겨난다. 손에 밀가루를 바르고 양의 행세를 하는 이솝우화의 늑대처럼 음모로 형성된 집단은 거대한 시스템에 기생하면서 반사 이익을 노리고 진실을 은폐한다. 원자력은 위험하지만 이익을 창출하여 부자이면 된다는 비뚤어진 자본의 논리를 충족시켜 준다. 개발, 발전, 문명, 선진국 따위의 언어만이 행복을 보장하는 최고의 가치인 양 원전을 합리화한다.

부지불식간에 끼어든 원전 사고의 재앙은 국가도 책

임지지 않는다. 문제 제기에 대하여 답해주지 않는다. 방사능은 인간과 생태계를 지배하고 전 지구를 지배한다. 원자력이 멈추지 않는 한 인류는 스스로 자멸할 수밖에 없다고 과감히 말한다.

사람에 의해 환경이 위협받고 있다면 생명은 안전한가? 사람은 무엇으로부터, 누구로부터 위협받고 있기에 점점 폭력적이며, 오늘날 전쟁 또는 자살로 무참히 죽어가는가.

욕망하는 시대가 빚은 바벨탑 뒤로 버려진 아이, 병든 이웃, 보호받지 못하는 계층이 늘어난다. 그들과 함께 울고 웃고 아파해주는 일은 가시적 욕망에 길들어가는 모순된 우리에게서 선한 본성을 회복하는 일이다. 따뜻한 체온과 꿈틀거리는 맥박, 거친 숨소리와 다정한 목소리를 종種의 구분 없이 주고받는다면 평화와 아름다움으로 지구는 지속 존재하리라 믿는다.

"모든 피조물을 향한 윤리적 행동에 의해 우리는 만물과 정신적으로 연결된다."고 하였던 알버트 슈바이처의 목소리가 큰 여운으로 다가온다.

텃밭 서너 평

주택으로 이사를 하고 보니 담장 앞뒤로 손바닥만 한 땅이 거저 생겼다. 호미와 삽으로 대충 텃밭의 형태를 만들고 다투어 피어나는 풀을 뽑고 돌멩이를 골라냈다. 조그만 이 밭떼기에 뭘 심을까 궁리하다가 고추, 방울토마토, 들깨, 가지 모종을 심기로 했다. 그렇다고 이 여린 모종을 키워 무슨 이득이나 보려는 심사는 아니다. “농사꾼이 땅을 놀리면 죄받는다.” 평생 땅에 엎드려 농사만 짓고 사는 이모님의 말씀도 떠오르고 잘 가꿔진 남의 논밭은 쳐다만 봐도 부러워 감탄사가 터졌기에 나도 재미 삼아 꼼지락거려보자는 심사이다.

농사꾼이 들으면 풋 웃음이 터지겠지만 흙 놀이가 재미있다. 등줄기가 따뜻해지도록 봄 햇살을 등지고 앉아 땅바닥에서 꾸물거리고 있으려니 마치 내가 한 마리 애벌레가 된 느낌이다. 장갑 낀 손가락 사이로 마른 흙이 푸슬푸슬 흘러내린다. 또 발밑의 폭삭거림은 평소 딱딱한 시멘트 바닥을 딛는 느낌과는 너무나 달랐다. 두 손으로 흙을 떠 코에 대어 본다. 물비린내 비슷한 냄새가 난다. 그러나 호미로 흙을 뒤엎어보아도 비닐이나 시멘트 조각 같은 너절한 쓰레기만 걸려 나올 뿐 흙 속에는 별다른 것이 없다.

땅은 무슨 힘으로 그 많은 식물을 키워내나, 꽃 나고 잎 나고 열매 맺게 하나, 나는 마치 철없는 어린아이 같은 생각을 하면서 시장에서 사 온 모종을 심기 위해 구덩이를 팠다. 식물들이 무성하게 자라나는 단계를 남들은 다 아는데 나만 모르는 것 같다. 체험이 없기 때문이다. 고추, 가지, 깻잎 등을 내 손으로 가꾸어 따 먹어본 적 없었기에 이 여린 모종들이 비바람과 폭염에도 죽지 않고 무사히 열매 맺기를 고대한다.

어떻게 가꿔야 잘 자랄 수 있을지 이모님께 전화로 여쭤봤더니 농사꾼 이모는 박장대소하신다. 모종을 심는 일은 교과서나 지침서에서 배울 수 있는 문제가 아니었다. 채소밭을 잘 가꿀 방법을 모르니 온통 궁금한 것 투성이다. 모종의 간격을 적당히 두어야 한단다. 비바람과 햇볕과 공기가 잘 드나들 수 있어야 병해충도 번식이 덜하고 건강하게 자란단다. 이모 말씀대로 간격을 넓게 하여 볕이 잘 드는 쪽으로 모양 좋게 심고 물을 주고 나니 뿌듯하다. 벌써 반농사나 지어 큰일을 치른 듯 흐뭇하다.

푸성귀는 금방 따서 바로 씻어 먹어야 맛있다. 텃밭을 일구며 사는 지인들께 이따금 얻어먹는 푸성귀는 사서 먹는 것과 맛이 달랐다. 코끝에 스미는 싱그러운 풋내와 아삭아삭한 식감이 부드럽고 향기로웠다. 음식은 입으로만 먹는 것이 아니라 눈으로 코로 촉감으로 먹었을 때 한맛이 더 난다. 먹거리가 다양해진 요즘에도 보리밥에 된장, 고추장, 푸성귀를 넣고 큰 양푼에 쓱쓱 비벼 먹던 옛 시절의 맛은 잊을 수가 없다고들 말한다.

햇볕 좋은 옥상에는 상추와 쑥갓을 심기로 했다. 그런데 흙이 마땅치 않다. 텃밭이 작아 흙을 퍼낼 수 없고 주변을 둘러봐도 흙 구할 데가 마땅치 않다. 길바닥도 시멘트로 포장되었고 주택가 작은 공간도 풀이 돋으면 벌레가 생기고 지저분하다고 온통 시멘트로 발라 놓았으니 말이다.

신발에 흙 묻힐 일이 별로 없다. 편리함과 안전을 위함인지 모르겠으나 이런 방식으로 계속 살아도 되는가? 식량의 대부분은 흙에서 얻어지는데 그 무한한 풍요의 가능성에 대해 생각하고 살 겨를이 없다. 먹거리는 생존과 직결된다. 작은 것이라도 키워 자급자족해 보면 어떨까? 먹거리를 위해 정성과 노동과 시간과 마음을 들일 때 하루하루를 더 소중하고 감사하게 받아들일 수 있을 것 같다.

논밭이 점점 사라져가는 이유가 있다. 몸도 힘들고 수지가 맞지 않아 농사를 접는 사람이 늘어나는 근래에 이런 생각을 한다. '농사짓는 사람을 공무원으로 정해 고정 수입을 보장해 주자. 그래서 우리 먹거리를 보호하자, 우리의 건강을 보호받자.' 엉성하기 그지없는 도시농부의 내일을 그려보는 내가 기특해 혼자 키득키득 웃었다. 오래된 집 옥상에서 자란 푸성귀들로 식탁이 차려질지 의심스럽지만, 흙도 사야 하는 이 시대에 그래도 햇볕과 비바람과 공기를 믿어본다.

슬슬 욕심이 생긴다. 옥수수도 몇 주, 호박도 몇 구덩이 심었으면 하는 마음이다. 잘 가꾸어 수확하는 것도 보람찬 일이지만 무성해 가는 푸르름을 지켜보는 일도 몸에 좋을 것 같다.

여름날 옥수수밭은 세상을 온통 출렁이게 만들었다. 키 큰 옥수수밭에 들어갔다가 잎사귀에 온몸이 쓸려 피가 나는 줄도 몰랐고 남의 밭 다 망쳐놓았다고 엄마에게 혼이 났던 추억이 있다. 바람이 불면 키대로 넘어질 듯 다시 일어서는 옥수숫대, 이리저리 몰려다니던 바람이 숨어버리면 갑자기 사방이 조용해지고 모든 것이 재미없어지곤 했다.

긴 옥수수 잎사귀에서 튕겨 오르는 빗방울 소리는

피아노 연주만큼이나 또랑또랑하고 경쾌하다. 젊은 시절 망연히 서서 빗소리를 듣던 옥수수밭의 아련한 추억 하나쯤은 누구에게나 있으리라.

영혼의 쉼터, 굴업도

인천에서 남서쪽으로 90킬로 떨어진 섬, 옹진군 굴업도를 간다. 굴업도를 사랑하는 문화예술인 회원들과 인천작가회의 회원들로 구성된 우리 일행은 인천 연안부두를 출발했다. 서해의 크고 작은 섬을 지나 덕적도에서 배를 갈아타고 다시 남서쪽으로 한 시간 남짓 지나니 굴업도 선착장이 나타났다.

40명쯤의 일행이 4시간 넘게 배를 타고 굴업도로 달려온 탐방 목적이 있었다. 옹진군 덕적면 굴업도는 국내 대기업에서 98프로의 지분을 보유하고 있는 섬이다. 그런데 섬을 개발하여 각종 위락시설을 건설한다는 것이었다. 천혜의 아름다움과 생태계의 보고, 역사적 의미를 생각할 때 골프장 카지노 등을 건설한다는 것은 자연환경을 해치는 일이다. 그래서 우리 일행은 지금의 상황을 널리 알리고 굴업도에 알맞은 친환경적인 개발은 무엇일까? 함께 고민하자는 의미에서였다.

이미 개인 소유가 된 섬이기에 허가받고 들어오기까지 우여곡절도 많았다. 개인 소유의 섬이라지만 마음대로 드나들 수 없다니 이해되지 않았다. 우리나라의 어떤 섬이든 매매가 가능하고 개인이 소유할 수 있단다. 그러나 우리나라 국토라면 위험 지역이 아닌 이상 자유롭게 다닐 수 있어야 하지 않을까? 설령 개인의 소유가 되었을지라도 함부로 훼손한다면 그것을 저지할 권리와 의무가 시민에게도 있어야 한다.

섬에 도착하자 먼저 플래카드가 눈에 띄었다. "문화, 예술인들이 언제부터 굴업도를 사랑했냐," "굴업도 사람들 다 굶어 죽는다" "굴업도를 개발하라" 등의 여느 도시에서나 볼 수 있는 사나운 문구가 부두에서부터 우리 앞을 가로막는다.

소사나무 숲속으로 난 오솔길을 걸었다. 소사나무 숲은 산림청에서 2009년 우리나라에서 가장 아름다운 숲으로 선정했고 환경부로부터 꼭 지켜야 할 자연유산으로 지정받은 곳이기도 하단다. 소사나무 숲길을 따라 야트막한 능선을 하나 넘었다. 얼마나 수많은 시간과 발자국이 지나갔길래 이토록 아름다운 흔적을 남겼을까 모두들 감탄을 했다. 이곳 대부분의 주민은 큰 섬으로 이주하고 지금은 몇 가구 남지 않았다고 한다. 먼 훗날 이 아름다운 소사나무 숲길도 사람들의 기억에서 차츰 사라지리라는 아쉬움이 든다. 길에 대한 추억이 입에서 입으로 전해지면서 전설이 되고 서사가 되고 섬의 역사가 될 것이다. 그 흐름의 자연스러움을 억지로 막아서는 안된다고 본다.

섬의 대부분 숲은 소사나무와 붉나무로 이루어져 있다고 한다. 가파른 벼랑이나 바위틈에 뿌리를 내린 붉나무, 소사나무는 마치 굴업도를 얼싸안은 모양으로 풍랑을 견디며 아름다운 곡선을 이루었다.

소사나무 숲을 빠져나와 사구沙丘로 이동하는 중 조

개 무덤을 만났다. 패총은 신석기 시대의 유적이니 그 때부터 사람이 살았다는 증거란다. 모래흙과 오래된 조개껍데기가 시루떡 모양으로 층층이 다져져 옛사람들의 숨결이 느껴졌다. 조심조심 사진도 찍어가며 조개 모양도 살펴보며 우리 일행은 감회에 젖었다.

발목까지 푹푹 빠지고 미끄러지면서 사구를 올랐다. 바람에 날아 온 바닷모래가 연평산을 기어오르는 형국이다. 작은 모래 알갱이들이 풀뿌리, 나무뿌리를 붙잡고 산을 기어오른다. 모래의 사투는 우리 역사의 가난한 민중의 모습만 같았다. 이렇게 많은 모래가 산등성을 이루기까지 섬에는 숱한 풍파가 있었을 것이다.

가장 근래에는 연평도 포격 사건이 지척에서 벌어졌고, 1990년 중반에는 방사능 폐기장 선정 문제로 굴업도는 시끄러웠다고 한다. 시간을 거슬러 올라 가자면 1923년 큰 해일이 일기 전까지는 민어 파시로 성시를 이루었다고 한다. 민어 떼가 몰려오는 밤이면 깊은 바다에서 웅, 웅 민어 우는 소리가 올라왔다고 한다. 흥분을 감추지 못한 어부들은 밤바다에 고깃배를 띄웠다고 한다. 역사에서 큰 몸살을 앓았지만 그래도 면면히 숨을 쉬던 섬이 일부 계층만을 위한 위락시설로 전락 된다 하니 안타깝기 이루 말할 수 없는 심정이다.

삼면이 바다인 우리나라에 섬은 대략 몇 개나 될까? 사람의 손이 타지 않는 섬에는 무수한 어종과 다양한 동식물들이 낙원을 이루며 살아갈 것이다. 소중하고 아름다운 많은 섬 중에 하나쯤 망가진들 어떠랴, 하는 가벼움에 하나의 망가짐을 용인하면 도미노처럼 줄줄이 망가지는 것은 순간이다.

굴업도를 국가에 환원시켜주면 좋겠다. 우리는 진지하게 생각을 나누었다. 그러면 정말이지 그 기업에서 만든 물건을 애용할 것이다. 철학이 있는 기업이라면 다시 생각했으면 한다. 돈을 들여 알래스카를 끌고 왔으면 왔지, 이토록 아름다운 섬을 망가뜨리는 무분별한 계획은 제발 거두시길 건의하기로 했다.

사구에 앉아 바다를 보며 각자 명상에 잠겨 한참을 앉아 있자니 저만치에서 사마귀가 알을 슬고 있는 것이었다. 모래땅에 자라는 풀잎에 자리를 틀고 산란하는 사마귀는 숨이 멎도록 숭고해 보였다. 생명을 낳고 기르는 것이 사람살이와 다를 바 없었다. 우리가 없거나 모르는 사이에도 섬은 갖가지 동식물을 먹이고 키우면서 생명을 이어가고 있었다. 먹을 것이 풍족해서인지 사마귀는 아주 크고 튼튼해 보였다. 토끼나 사슴, 염소 등의 배설물이 군데군데 눈에 띄었다. 남자 어른의 손가락만 한 메뚜기가 풀쩍 풀쩍 뛰어다닌다.

이름도 재미있는 개머리 능선은 걷기 좋을 정도로 완만했다. 우리 일행은 능선을 따라 덕물산을 올랐다. 바다에 둘러싸인 야트막한 야산은 천연 기념 동식물들의 낙원이라고 한다. 바위와 비탈로 사람의 접근이 어려운 곳에는 염소, 사슴이 떼로 몰려다녔고 멸종위기의 먹구렁이, 황조롱이, 검은머리물떼새, 송골매 등 갖가지 조류가 자유롭게 살아가고 있단다.

오르내리는 완만한 능선에 처음 본 황금 방망이꽃이 무더기로 활짝 피어있다. 멸종위기 종인 왕은점표범나비가 꽃잎에 앉아 있다. 방해되지 않은 거리에서 꽃과 나비의 아름다운 빛깔을, 몸짓을 지켜보았다. 신비는 신비로움 그 자체로 남겨두어야 꿈이 되고 이상이 된다. 그리할 줄 알아야 넓은 세상을 볼 줄 알고 더 넓은 우주를 본다. 처음 본 곤충과 식물이 끝없이 펼쳐진 개머리 능선 길이 흰 뱀처럼 구불구불하다. 천 년, 이천 년의 시간이 아스라이 길이 되었을 것이다. 섬사람들은 인내하고, 사랑하고, 꿈꾸고, 반성하고, 용서하면서 길과 하나 되어 걸어갔을 것이다. 수천 년 다져온 그들의 길이 개발의 명목으로 달라지고 파헤쳐질지 걱정이 앞선다.

옷자락을 끌고 오는 선녀처럼 굴업도에 노을이 드리운다. 서해가 천천히 물색을 바꿔입고 있다. 바람에 따라 흔들리는 꽃 속에 앉으니 나도 따라 흔들린다. 능선을 따라 집 찾아가는 사람의 뒷모습과 먼바다에 점점이 떠 있는 배가 그지없이 평화롭다. 돌아가지 말자, 뭍으로 돌아가지 말고 아름다움 속에 살자, 한 마리 벌레 같고 구름 같고 꽃송이 같은 자신을 발견하는 지금 이 자리에서 평생 누리고 싶은 자유로움이었다.

간간이 소식을 전해주는 지인의 말에 의하면 대기

업의 위락시설 공사는 지역주민의 반대와 환경단체의 반대로 건설공사 실행이 유보 상태에 있다고 한다. 목기미 해변, 토끼섬, 코끼리바위, 큰말 해수욕장은 우리말로 이름붙여진 장소들이다. 사구에서 만난 곤충들, 개발 반대에 동조하시던 마을 주민들이 순간순간 문득 떠오른다. 굴업도는 바다가 꼭꼭 숨겨놓은 아름다운 보물섬이다. 굴업도를 다녀와 건져올린 시 한 편이다.

모래의 어미는 누구신가
선단녀신가
소사나무신가
수수만 겹 파도가 밀고 온 모래
풀뿌리를 움켜쥐고 덕물산을 오른다
흘러내리면, 흘러내리면 또다시 기어오르는
가파른 시간
드러눕는 바람의 시간
沙丘는 눈부시다

모래가 모래였음을 망각한 채

천년은 족히 갯메꽃, 갯채송화를 낳았고
만년은 또 여치, 사마귀, 토끼 등을 키웠으니
모래는 발목도 힘줄도 없다
내장 지느러미도 없어졌다
먹이고 먹이고 또 먹이느라
발뒤꿈치 짝짝 찢어진
굴업도 어미처럼
살이 마르고
애간장 타들어
마침내 가죽만 남은 검은 아비처럼

沙丘여
오, 沙丘여
목기미 沙丘를 깔고 앉아 꿈을 꾸는 사람의 얼굴만 비단처럼 부드럽다

먼, 먼 옛사람들이 먼저 걸어갔지
황금방망이꽃 피는 언덕 넘어 물을 길어 나르고
소사나무 숲길 걸어 편지를 부치려고 갔지
간재미, 게, 민어를 이고 지고 걸었지
고기 잡으러 간 남편은 돌아 오지않고

덜 자란 아이가 동섬 앞바다에서 떠올랐다지
어미 아비의 찢어진 가슴이
천 갈래 만 갈래로 길이 되었대
흰 뱀이 스르르 지나간 후
그리움도 구불구불해졌지
풍랑에도 새록새록 돋아나는 암각화
오래된 슬픔이 길이 되었지

오솔길은 잠잠했네
바람이나 풀섶 타는 노을 속에도
멈칫멈칫 길이 보이네
굴업도에 와서 길을 배우네

길을 깔고 앉아 다시 길을 생각하네
한 사람이 개머리 능선을 넘어가네
흰 뱀이 앞서간 샛길로
느릿느릿 멀어져가는 뒷모습이 보이네

소사나무 숲으로 붉은 저녁이 온다
바위에 벼랑에 뿌리를 박고
예불처럼 나무들 일제히 바다를 향해 있다

바람이 휘감기고 비탈이 휘감겨도
죽을힘으로 뿌리를 내린다
소사나무의 푸른 궁극은
목숨 지닌 것들을 따뜻하게 품어주는 것
굴업도의 외로움을 푸르게 물들이는 것
잎사귀만 한 새 떼가 날아와 앉는다
밤마다 꿈마다 머리맡이 출렁거려도
연평산 아래 몇몇 남은 오막살이 불을 밝힌다
바다를 헤엄쳐온 흰 코끼리바위
소사나무 숲속으로 걸어간다

—「거기, 굴업도가 있었네」 전문

바다,

오선지에 다 담을 수 없는 음계

1판 1쇄 펴낸날 2025년 12월 22일

지은이 고명자
펴낸이 서정원
펴낸곳 도서출판 전망
주소 48931 부산광역시 중구 해관로 55(201호)
전화 051) 466-2006
팩스 051) 441-4445
이메일 jmw441@hanmail.net
출판등록 제1992-000005호

ISBN 978-89-7973-659-5
값 15,000원

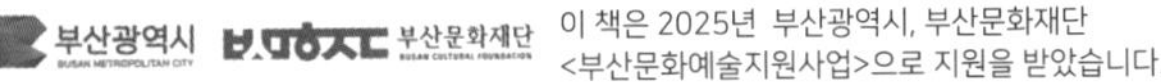

이 책은 2025년 부산광역시, 부산문화재단
<부산문화예술지원사업>으로 지원을 받았습니다.